유학생이 알아야 할 한국학 시리즈

한국 역사:
전통편

제
1
권

유학생이 알아야 할 한국학 시리즈

한국 역사: 전통편

김경호
박이진
박은영
손성준
김도형
지음

제1권

성균관대학교
출판부

〈유학생이 알아야 할 한국학 시리즈〉를 발간하며

1990년대 후반부터 한국의 대중문화가 타국에서 주목받기 시작하면서 이른바 '한류'라고 불리는 현상이 등장하였습니다. 이는 이제 한국의 문화가 한국뿐 아니라 세계 각지의 사람들이 함께 공유하는 대상이 되어가고 있음을 의미합니다. 특히 인터넷 발달에 따른 미디어 환경의 변화는 한국의 문화와 예술 등을 세계에 더 널리 전파하게 해주었고, 그 결과 한국과 한국문화, 나아가 한국어를 배우고자 하는 열기는 점점 더 뜨거워졌습니다. 최근 방탄소년단(BTS)이나 영화 〈기생충〉으로 대표되는 한국 대중문화의 위상이 이를 증명하고 있습니다.

〈유학생이 알아야 할 한국학 시리즈〉를 기획한 필자들 역시 이러한 '열기'를 대학의 강의실에서 느끼고 있습니다. 매년 증가하는 외국인 입학생과 재학생들에게 '한국에 (유학)온 동기나 이유'에 대해 물어보면, 상당수 학생들은 '한류'를 통해서 한국을 알았고, 나아가 한국에 대해 공부하고 싶어서 왔다고 대답합니다. 그러나 이들은 대학에서 '한류'와는 거리가 있는 공부를 하거나 한국에 대해 배우고 싶어도 무엇을, 어떻게 배워야 하는지도 정확하게 모르는 경우가 적지 않았습니다.

2019년 4월 1일 기준 16만 명이 넘는 외국인 유학생의 절대 다수는 한국을 배우려는 열정과 의지를 가지고 한국을 찾아온 패기 넘치는 학생들입니다. 하지만 필자들은 그들의 한국에 대한 이해 수준이 결코 자신들의 열정과 비례하지 않다는 것을 현장에서 목격하곤 하였습니다. 이들의 열정과 미래의 꿈이 현실에서 제대로 결실을 맺기 위해서는 '한국'을 가르치는 교육자들의 반성과 실천이 그 어느 때보다 더 절실히 필요하다고 생각합니다. 더욱이 각 나라에서 한국을 배우고자 준비하고 있는 사람들까지 고려한다면, 더 진지하게 그 관심과 열정에 부응하는 것이 시리즈를 기획한 필자들의 최소한의 의무일 것입니다. 이 시리즈는 이러한 문제의식 속에서 한국을 배우고자 하는 외국인들이 보다 쉽고 체계적으로 한국을 이해하는 것을 목표로 삼았습니다.

　외국인을 위한 한국어 교육 분야의 도서 발간은 이미 상당한 수준에 이르렀다고 생각합니다. 그러나 이와 달리 한국학을 깊이 있게 배우고자 하는 외국인 학생들을 위한 도서 발간은 아직 초보적인 수준에 머물러 있습니다. 이들의 점증하는 학문적 수요를 충족시켜주지 못하고 있는 현재 상황 속에서 관련 분야의 교재 발간은 매우 시급한 과제라고 할 수 있습니다. 〈유학생이 알아야 할 한국학 시리즈〉는 이러한 현실적 요구에 부응하기 위해 기획된 체계적인 한국학 교재 시리즈입니다. 다양한 주제로 발간될 교재들을 통해 외국인(유학생 포함)이 한국의 유구한 역사와 역동적인 문화를 자세히 이해하고, 나아가 지금의 한국 사회를 향한 통찰력을 기를 수 있기를 기대합니다.

필자를 대표하여

김경호 씀

한국 역사: 전통편
이 책의 구성과 활용법

유학생이 알아야 할 한국학 시리즈는 유학생들이 한국의 역사와 문화에 보다 쉽고 체계적으로 접근할 수 있도록 대주제와 시기 구분에 따라 각 권을 구성하였습니다. 또한 단원의 구성도 일정한 기간과 시간을 배분해 학습에 집중할 수 있도록 15강으로 나누어 대학생은 물론 일반 학습자의 학습 성취도를 고려하였습니다.

먼저 제1권에 해당하는 《한국 역사: 전통편》은 한국의 역사적 경험과 그 흐름을 핵심이 되는 키워드와 소주제를 갖고 다룹니다. 시기는 고대에서 조선시대까지를 대상으로 합니다.

모든 단원의 첫 시작은 〈이런 것들을 배워 봅시다〉로 문을 엽니다. 여기서는 본 강에서 학습할 내용의 전체 흐름을 설명하고 학습자들이 집중해서 생각해 볼 주제를 환기합니다. 아울러 〈찾아가 봅시다〉라는 코너를 넣어 학습 내용과 관련된 유적지나 기념관, 박물관 같은 정보를 소개하여 학습자의 직간접적인 체험 학습을 유도합니다. 그리고 본문 시작 부분에는 단원별로 본 강에서 배울 주요한 역사적 사건을 한눈에 파악할 수 있도록 연도를 표기하여 학습의 이해를 도왔습니다.

이런 것들을 배워 봅시다

한반도에 처음 인류가 살기 시작한 것은 약 70만년 이전으로 추정되며, 현재 한반도에 남아있는 많은 흔적들을 통해 당시 사람들의 생활모습을 살펴보는 것이 가능합니다. 주먹도끼로부터 빗살무늬토기, 동검의 사용, 고인돌을 이용한 장례 등은 이 지역 사람들의 삶과 그 발전과정을 보여주고 있습니다. 이후 고조선이라는 국가가 등장하면서 대륙세력과는 구분되는 독자적인 정치공동체가 성립하였고, 이를 바탕으로 한반도 내에 고대 국가들이 형성, 발전하게 되는 양상을 확인할 수 있습니다.

- 한반도에서 언제부터 사람이 살았고, 어떤 도구를 사용하며 살았는지 알아봅시다. 또한 고조선을 비롯한 고대 한반도의 정치공동체의 형성과 관련 내용들을 살펴보고, 당시의 생활상을 재현한 관련 유적지를 답사하여 이해도를 높이도록 합시다.

찾아가 봅시다

▼ 선사시대 유적지
- 암사동 선사주거지 (서울시 강동구)
- 전곡선사박물관(경기도 연천군)
- 고인돌박물관(전라북도 고창군)
- 강화역사박물관(인천시 강화군)

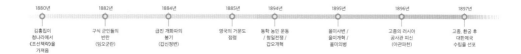

학습의 세부 내용을 담고 있는 본문은 소주제별로 묶어 전달하여 이해를 돕도록 하였습니다. 이때 학습자의 독해에 도움이 될 용어나 개념, 또는 주요 인물에 대한 보충 설명을 〈글박스〉를 통해 전달하고 있습니다.

또한 〈더 알아봅시다〉라는 코너를 두어 역사적 사건을 이해하는 데 필요한 상세한 내용을 소개하였습니다. 흥미로운 에피소드로 구성된 본 코너를 통해 본문에서 다루는 주요 내용에 대한 이해를 도울 뿐 아니라 역사와 관련한 다양한 문화와 가치관을 이해하는 데에도 도움이 될 것입니다.

단원의 마지막에는 〈시청해 봅시다〉라는 코너를 두어 학습자들이 본 강에서 배운 내용을 총정리할 수 있도록 하였습니다. 먼저 학습 내용을 바탕으로 지인들과 토론해 볼 수 있는 화두를 소개하였습니다. 그리고 학습 내용과 관련된 드라마나 영화를 소개하여 원활한 토론과 복습 효과를 배려하였습니다.

이상의 구성적 특징을 갖는 유학생이 알아야 할 한국학 시리즈를 통해 유학생들이 한국이라는 국가가 경험해 온 역사적 전개 과정과 한국인의 가치관을 형성해 온 주요 사상과 생활문화사, 나아가 오늘날 세계인들로부터 평가받고 있는 한국의 전통 및 한류 문화 등을 함께 생각해 볼 수 있었으면 합니다. 아울러 유학생들이 한국적인 것의 특징이 무엇이며 그러한 특징이 어떻게 형성되었는가를 배워가며 한국 사회와 한국인의 삶과 의식에 보다 깊게 접근할 수 있으리라 기대합니다.

고려 왕조의 성립과 전개

고려 후기의 정치변동과 대몽항쟁

고려의 쇠락과 공민왕

제6강 조선, 새로운 왕조의 시작

 제7강 훈민정음 창제와 경국대전 정비

 제8강 유교적 사회 질서의 확산

제15강 조선 왕조의 몰락과 민중의 대두

제1강

한민족의 기원과 고조선

이런 것들을 배워 봅시다

한반도에 처음 인류가 살기 시작한 것은 약 70만 년 이전으로 추정되며, 현재 한반도에 남아 있는 많은 흔적들을 통해 당시 사람들의 생활모습을 살펴보는 것이 가능합니다. 주먹도끼부터 빗살무늬토기, 동검의 사용, 고인돌을 이용한 장례 등은 이 지역 사람들의 삶과 그 발전과정을 보여주고 있습니다. 이후 고조선이라는 국가가 등장하면서 대륙세력과는 구분되는 독자적인 정치공동체가 성립하였고, 이를 바탕으로 한반도 내에 고대 국가들이 형성, 발전하게 되는 양상을 확인할 수 있습니다.

• 한반도에서 언제부터 사람이 살았고, 어떤 도구를 사용하며 살았는지 알아봅시다. 또한 고조선을 비롯한 고대 한반도의 정치공동체의 형성과 관련 내용들을 살펴보고, 당시의 생활상을 재현한 관련 유적지를 답사하여 이해도를 높이도록 합시다.

찾아가 봅시다

▼ 선사시대 유적지

• 암사동 선사주거지
  (서울시 강동구)

• 전곡선사박물관(경기도 연천군)

• 고인돌박물관(전라북도 고창군)

• 강화역사박물관(인천시 강화군)

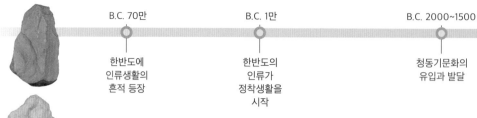

B.C. 70만	B.C. 1만	B.C. 2000~1500
한반도에 인류생활의 흔적 등장	한반도의 인류가 정착생활을 시작	청동기문화의 유입과 발달

▲ 주먹도끼
ⓒ국립중앙박물관

한반도에 인류가 살기 시작하다

어느 지역에서나 그렇듯이 한반도에서도 인류가 처음 살기 시작했을 무렵에는 나무, 돌, 동물의 뼈 등을 다듬어서 도구로 사용했던 것으로 추정됩니다. 처음에는 주먹도끼, 찍개와 같은 간단한 도구로부터 점차 자르개, 찌르개, 밀개 등을 사용하는 방향으로 발전해 갔습니다. 한반도에서는 약 70만 년 이전의 시점부터 인류가 사용했던 도구의 흔적들이 발견되었으며, 이 시기를 구석기 시대라고 합니다.

한반도 인류, 정착생활을 시작하다

▼ 빗살무늬토기
ⓒ국립중앙박물관

인류는 약 1만 년 전부터 농경 및 목축을 시작하고 스스로 식량을 생산하는 정착생활을 이루어 갔던 것으로 추정되는데, 대체로 이 시기를 신석기 시대로 분류합니다. 한반도에서는 약 8천 년 전부터 신석기 시대가 시작된 것으로 추정하는데, 특히 서울의 암사동이나 경남 김해 등에서 발견된 빗살무늬토기는 그 대표적인 유물이라 하겠습니다.

선사시대의 인류는 자연에 대한 두려움으로부터 원시적인 신앙 및 예술 활동을 스스로 발전시켰습니다. 특히 식량을 생산하는 정착생활이 시작되면서 애니미즘*, 토테미즘**, 샤머니즘*** 등

B.C. 2333
단군왕검
고조선 건국

B.C. 4세기
고조선과
대륙세력이
충돌

B.C. 2세기
한나라의
공격으로
고조선 멸망

B.C 1세기
철기문화의
유입과 발달 및
한반도 내 여러
세력들 등장

을 더 활발하게 믿게 되었고, 관련 활동 역시 보다 왕성해졌습니다.

청동기의 사용으로 문명이 발전하다

인류가 청동기를 사용하기 시작한 것은 대략 기원전 3000년 이전으로 추정되며 주로 큰 하천을 중심으로 발달하였습니다. 이 청동기 문화 시대에는 관개농업이 발달하고 잉여생산물이 발생하게 되면서 도시국가의 출현, 계급의 분화, 문자의 사용 등과 같은 인류문명의 발전양상이 나타났습니다.

만주 및 한반도 지역에서는 기원전 2000년에서 1500년 무렵에 걸쳐 청동기 문화가 도입, 전파되기 시작된 것으로 추정되는데, 한반도에서는 그 유적으로서 비파형 동검, 반달 돌칼, 민무늬 토기 등이 출토되었습니다. 이 시기에는 지배층과 피지배층의 분화가 더 분명해지고 초기의 국가형태가 만들어지게 되었습니다. 일찍부터 정치 · 경제적으로 우세했던 집단이 청동기 무기를 선제적으로 사용함으로써 주변의 집단을 복속해가는 양상이 나타났다고 여겨집니다. 특히 집단의 지배자는 정치적, 군사적, 종교적인 지배자를 겸하는 형태를 띠면서 정치와 제사를 주관하고, 보다 선진적인 청동기 도구들을 자기 권위의 상징물로 이용하거나, 지배층에만 그 사용을 허가하는 방식으로 권력을 유지하였습니다.

애니미즘이란? *
애니미즘은 모든 사물에 영(靈)적인 능력이 있다고 믿는 세계관을 말합니다.

토테미즘이란? * *
토테미즘이란 토템 신앙에 의해 형성되는 사회체제 및 종교 형태를 말합니다.

샤머니즘이란? * * *
샤머니즘은 초자연적인 존재와 소통하는 능력을 지닌 주술사, 즉 샤먼(Shaman)을 중심으로 하는 종교를 말합니다.

비파형 동검과 세형(한국형) 동검 비파형 동검은 한반도와 만주 지역에서 출토되는 대표적인 유물로, 중국에서 출토되는 동주식 동검과는 다른 특징을 갖습니다. 비파형 동검은 일반적으로 검의 몸 아랫부분이 둥글게 배가 부른 형태를 띠고 칼의 중앙부에 돌기부가 있으며, 돌기부 양쪽으로 날이 약간씩 휘어들어간 모습을 띱니다. 특히 검 중앙부에 등대가 있고 칼날 돌기부가 있는 등대부분에 마디가 있으며, 칼날과 손잡이 부분을 따로 만들어 조립하는 조립식이라는 점이 가장 큰 특징입니다. 중국의 동북지방과 한반도 서부지방에서 주로 나온 것으로 보아 이 양 지역이 동일문화권에 속해 있음을 확인해 주는 주요한 증거로 사용되기도 합니다.

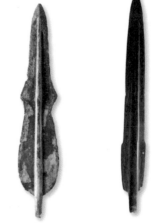

▲ 비파형 동검 사진 ▲ 세형 동검 사진
ⓒ국립중앙박물관　　ⓒ국립중앙박물관

세형 동검은 한국형 동검으로도 불리며, 비파형 동검 이후 초기 철기시대까지 한반도에서 주로 사용된 것으로 추정됩니다. 평양을 중심으로 한반도 전역에서 출토되며, 칼이 매우 좁고 손잡이가 짧은 형태가 많습니다. 역시 칼과 손잡이가 분리된 조립식으로 만들어졌고, 허리 양쪽이 살짝 패어 있는 형태를 띠고 있어 비파형 동검 제작방식의 영향이 남아 있는 것으로 추정됩니다. 세형 동검의 후기 형태에는 손잡이 부분에서 장식이 나타나는 경우가 있는데, 신분의 상징으로서 이 검이 제작되고 사용되었을 가능성이 높은 것으로 보입니다.

▎ 고인돌을 만들어 조상을 추모하다 ▎

한반도 및 그 주변 지역에서 다수 발견되는 문화유적인 고인돌은 대체로 신석기 시대 후반에서 청동기 시대에 걸쳐 만들어진 것으로 추정됩니다. 고인돌 아래에 무덤이 있는 것으로 보아 공동체 구성원의 죽음을 기억하거나 기념하기 위해서 만든 것으로, 이 시대의 장례 및 제례문화와 관련이 있는 것으로 볼 수 있습니다.

한반도에서 발견되는 고인돌에는 몇 가지 종류가 있으나, 기본적으로는 무덤방(房)을 만들고 그 위에 덮개돌을 두거나, 굄돌 위에 덮개돌을 올려서 만드는 형태를 가지고 있습니다. 가장 대표적으로

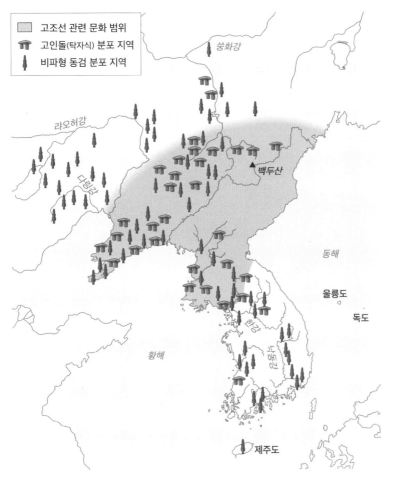

알려진 굄돌 위에 덮개돌을 올려 'ㅠ'자의 모양으로 만든 고인돌을
탁자식 고인돌이라고 합니다. 이와 같은 고인돌 방식의 장례 또는
제례문화를 통해 몇 가지 사실을 확인할 수 있습니다.

첫째, 고인돌은 집단, 정착생활이 이루어지고 그 안에서 권력
의 분화가 나타났음을 보여줍니다. 고인돌의 무게는 큰 것이 250-
300톤 이상의 돌을 사용한 경우도 있으므로, 집단생활을 하는 공동
체의 다수 구성원이 협력하면서 만들었을 것입니다.

둘째, 고인돌은 집단 내부의 독특한 장례 혹은 제례문화가 공유
되고 있었던 만큼 동일한 종교적 믿음을 가지고 있었음을 확인할 수
있습니다.

▲ 강화 내가 오상리
　고인돌

다만 고인돌의 크기나 방식은 매우 다양하며, 그 숫자와 분포 등으로 보아 반드시 권력자의 무덤만이 아닌, 공동체 내에서 일반적으로 사람들의 죽음을 다루는 방식으로 보급된 문화였을 가능성이 큽니다.

고인돌은 전 세계적으로 6만여 개가 확인되는데, 이 중 한반도를 포함하여 요동, 산동, 규슈 지역에 4만여 개가 분포되어 있습니다.

8조법(八條法)이란?

8조법은 고조선의 공동체 질서를 유지하기 위해 만든 법률로 현재 세 조항만이 한서(漢書)에 기록으로 전해지고 있습니다. 이 기록으로부터 고조선은 생명이 중시되고 사유재산이 인

▍초기 국가 고조선이 등장하여 성장하다 ▍

만주 지역에서 한반도 서북부 지역에 청동기 문화가 보급되면서 여러 부족으로 흩어져 살던 이 지역에 강력한 힘을 가진 지배자가 출현하게 되었습니다. 《삼국유사(三國遺事)》에 따르면 기원전 2333년 단군왕검(檀君王儉)이 고조선을 건국하였다고 기록되어 있으며, 중국의 《사기(史記)》, 《한서(漢書)》, 《후한서(後漢書)》 등의 역사서에 고조선에 대한 기록이 단편적으로 나옵니다. 본래 이름은 조선(朝鮮)이나,

14세기 조선 왕조의 건국 이후 이와 구분하기 위해 고조선이라고 부릅니다.

단군왕검이라는 이름은 제사장으로서의 단군과 정치적 지배자로서의 왕검이 결합하여 만들어진 것입니다. 고조선의 건국 설화가 환웅(桓雄)과 웅녀(熊女)의 결합이라는 신화적 요소를 기원으로 하는 것으로 보아 각각의 토템을 지닌 부족 간 결합으로 탄생한 초기 형태의 국가였을 것으로 추정됩니다.

대체적으로 만주로부터 한반도 서북쪽에 걸친 지역에 존재했을 것으로 추정되며, 지배자의 명칭에서도 알 수 있듯이 제정일치 사회였다고 여겨집니다. 왕 밑에 비왕, 상, 대부 장군 등의 관직명이 확인되며, 공동체의 기본 질서를 유지하는 것으로 8조법*이 있었음이 확인됩니다.

정되었으며, 계급 및 화폐가 존재하는 사회였음을 알 수 있습니다. 전해지는 8조법의 항목은 다음과 같습니다.

- 사람을 죽인 자는 바로 사형에 처한다(相殺以當時償殺).
- 사람에게 상처를 입히면 곡물로 배상한다(相傷以穀償).
- 사람의 물건을 훔치면 노비로 삼고, 죄를 면하려면 50만 냥을 내야 한다(相盜者男沒入爲其家奴女子爲婢, 欲自贖者人五十萬).

더 알아봅시다

기자와 기자조선 중국 《상서대전(尙書大全)》과 《사기》의 기록에는 상(商)의 왕족이었던 기자(箕子)라는 인물이 조선에 와서 왕이 되었다는 이야기가 나옵니다. 이를 기자동래설(箕子東來說)이라 하여 오랫동안 한반도의 왕조에서 사실로 여겨져 왔습니다. 《상서대전》에는 주(周) 무왕(武王)이 기자를 조선에 봉하였다고 나와 있고, 《사기》에는 기자가 조선으로 가서 군주가 되었다고 나오기도 합니다. 기자 이야기의 핵심은 기자가 조선으로 건너와서 그곳의 사람들에게 문명을 가르쳤다는 것으로, 이것은 상나라에서 행해지던 각종 제도와 농법 등을 전파함으로써 사람들의 신망을 얻었다는 것을 의미합니다.

이 이야기가 흥미로운 것은 이후 한반도의 여러 왕조가 기자에 대한 논의를 역사화시킴으로써 대륙의 왕조들과의 관계수립 및 내부의 통치에 활용했다는 점에 있습니다. 이미 삼국시대에 고구려가 기자에게 제사를 드린 기록이 있고, 신라의 유학자들이 기자동래설을 긍정하면서 유학을 통치이념으로 만들고자 하는 과정에 이용하기도 했습니다. 고려시대에도 유교적 통치의 실시 및 대륙 왕조들과의 관계 설정, 왕권 강화 등을 위해 기자에 대한 제사를 시행하는 경우가 종종 있었습니다. 조선시대에도 유교이념에 입각한 정치의 시행과 이후 유교의 사회적 확산이라는 국면에서 기자동래 및 기자조선설이 역사적 사실로서 믿어져 오기도 했습니다.

▌ 고조선이 확장하면서 주변국들과 갈등을 빚다 ▐

기원전 4세기경부터 연(燕)나라가 성장하면서 국경을 맞대고 있던 고조선과 충돌하였던 정황이 보입니다. 연나라가 고조선의 서쪽 지역을 공격해서 땅 2천여 리를 취했다는 기록 등이 역사서에 보이고, 그로부터 얼마 후 진(秦)이 중국을 통일하였고 이후 다시 한(漢)왕조로 교체되는 과정에서 연나라가 멸망하면서 그 유민들이 대거 한반도 지역으로 이동하거나 유입되었던 것으로 추정됩니다. 그런 가운데 연나라 사람 만(滿)이라는 인물이 기원전 2세기 무렵 중국 대륙의 혼란 속에서 1000여 명의 유민 세력을 이끌고 고조선의 준왕(準王)에게 망명하는 사건이 있었습니다. 당시 고조선의 지배자 준왕은 한반도 서북단 혹은 만주 경계지역의 빈 땅에 만의 세력을 정착하게 하였는데, 만이 도리어 당시 고조선의 수도인 왕검성(평양으로 추정)을 공격하여 준왕을 몰아내고 스스로 왕위에 오르게 되었습니다(B.C 194).

이후의 고조선을 위만조선(衛滿朝鮮)이라고 부릅니다. 이 위만조선은 철기문화를 수용하고 주변 지역에 대한 적극적인 영토 확장 정책을 벌이면서 강력한 세력을 가진 국가로 성장하였습니다. 그러나 이와 같은 확장정책은 당연히 주변 세력들과 갈등을 빚었고, 결국 한나라 무제(武帝)의 공격을 받고 내부적으로도 지배층의 내분이 이어지면서 멸망을 맞게 되었습니다(B.C 108). 그리고 한나라가 멸망한 고조선의 일부 영토에 군현(郡縣)을 설치함으로써 많은 사회적 변화와 정치적 분화가 일어났고, 해당 지역에서 여러 부족들이 연맹하거나 분리하여 각각의 세력을 형성하게 되었습니다.

철기문화의 도입으로 부여가 성장하다

만주와 한반도 북부에서는 유입된 철기문화를 기반으로 부여(扶餘)와 고구려(高句麗)와 같은 세력들이 등장하였습니다. 특히 부여는 송화강(松花江) 일대의 평야를 중심으로 농경과 목축을 활발히 경영하면서 5개 부족의 연맹국가 형태를 만들어 빠르게 성장할 수 있었습니다. 부여의 왕 아래에 마가, 우가, 저가, 구가의 부족장이 협력하면서 행정구역을 정해 대사자, 사자 등의 관리를 두는 정치 형태를 취하였습니다. 왕은 부족의 대표들이 선출하기도 했으며, 12월에 영고라는 제천행사를 열었고, 전쟁이 나면 소를 죽여 그 굽으로 점을 치거나 하늘에 제사를 지내 승리를 기원하고, 자연재해가 있으면 왕이 책임을 지고 물러나는 일도 있었습니다.

부여는 상당히 오랜 기간 한반도 북쪽의 패자로 군림하였으나 3세기 말 선비족(鮮卑族)의 침입 이후에 세력이 약화되었고, 이후 고구려와의 다툼에서 주도권을 빼앗기면서 결국 고구려에 흡수 통합되는 형태로 멸망하였습니다. 그러나 이후 한반도에서 발생한 고대 국가들에 많은 영향을 끼쳤고, 특히 고구려와 백제(百濟)는 부여에서 갈라져 나온 세력이 한반도로 남하하여 형성된 것인 만큼 한국의 역사에서 부여가 갖는 의미는 작지 않다고 할 수 있습니다.

영고(迎鼓)란?

영고는 부족연맹체 국가집단이었던 부여에서 시행되었던 집단행사로, 추수를 마치면 부족들이 모여서 함께 회의를 개최하고 하늘에 감사의 제사를 지냈습니다.

주몽, 고구려를 건국하다

고구려는 부여에서 갈라져 나와 남쪽으로 내려와서 세력을 형성한 주몽(朱蒙)이 건국한 것으로 전해집니다(B.C 37). 처음 고구려는 압록강 유역의 졸본(卒本) 지역에서 자리를 잡았다가, 이후 활발한 정복 사업을 통해 주변 지역을 복속시키고 국내성(國內城)으로 수도를 옮겼습니다. 고구려는 초기에 5개의 부족이 모여서 국가를 이루는 연

대무신왕과 까마귀 설화 부여왕 대소가 대무신왕 재위 3년 10월에 머리 하나에 몸이 둘인 붉은 까마귀를 보내왔는데, 그것은 두 몸에 머리 하나인 까마귀가 곧 하나의 왕 아래에 두 나라가 합쳐진다는 의미로 부여가 고구려를 차지할 징조이므로 복속하라는 일종의 협박이었습니다. 이에 대해 까마귀의 몸이 붉은 것은 남방의 색깔을 의미하니 도리어 고구려가 부여를 복속할 것이라고 해석하면서 이듬해 대무신왕이 동부여를 공격하였고, 대소가 이에 맞서 군사를 내었다가 패배하고 사망하자 고구려는 다수의 부여 유민을 흡수하면서 지역의 강자로 등장하게 되었습니다. 이 설화로부터도 알 수 있듯이 까마귀는 고구려를 상징하는 새로 알려져 있습니다. [출처: 《삼국사기(三國史記)》]

▲ 삼족오 벽화

맹왕국으로 운영되었는데, 이런 형태는 아직 부족국가 단계를 벗어나지 못한 주변 소국이나 독자적으로 존재하던 세력들을 흡수하는 데에 큰 힘을 발휘하였을 것으로 추정됩니다. 특히 고구려 초기에 외부로 세력을 확장하는 과정에서 부여와 충돌이 일어났고, 당시 부여는 고구려를 같은 세력에서 갈려 나온 지류로 인식하고 있었습니다. 그러나 대무신왕(大武神王)이 부여의 왕이었던 대소(帶素)를 제압하면서 한반도 북쪽의 주도권을 확보하고 국가의 기반을 단단히 하는 계기를 마련하였습니다.

한반도에 여러 세력들이 성장하다

옥저(沃沮)는 함경도 지역에, 동예(東濊)는 강원도 동해안 지역에서 세력을 형성하고 있었으나 지리적 특성상 선진 문물 수용에 시간이 걸렸고, 고구려의 팽창과 함께 소멸·흡수되었습니다. 옥저는 농경이 발달했고 바닷가를 끼고 있어서 해산물 및 소금의 생산이 풍부하여 경제적으로 윤택하였습니다. 특히 민며느리제라는 풍속이 있었고, 가족이 사망할 경우 일단 가매장해 두었다가 시간이 지나면 그 뼈를 추려서 가족 공동무덤인 목곽(木槨)에 넣는 장례문화가 존재했습니다.

동예 역시 해산물이 풍부하였고, 씨족사회의 풍습이 많이 남아 있었으며 특히 산천과 같은 자연적 경계를 통해 세력을 구분하였기 때문에 다른 부족의 경계를 침범할 경우 가축이나 노비로 변상하는 책화(責禍), 같은 씨족 안에서의 결혼을 금지하는 족외혼 등의 풍습이 있었습니다.

한반도 중남부 지역에서는 청동기 문화를 바탕으로 진(辰)이 자리를 잡고 있었습니다. 지리적으로 고조선으로 인해 대륙에서 넘어오는 문물을 받아들이는 것이 늦었으나, 고조선 멸망 이후 그 유민들이 남하하면서 이들의 철기를 위시한 각종 문화를 받아들이게 되었습니다. 이후로 마한(馬韓), 변한(弁韓), 진한(辰韓)으로 나뉘었는데, 이들 각각은 아직 체계를 갖춘

▼ 부여, 고구려, 옥저, 동예 지도

소도(蘇塗)란?

제사장인 천군이 특별한 장소를 설치하여 제사를 지내면서 질병과 재앙이 없기를 빌었는데, 이 장소를 소도라 하여 신성한 지역으로 여겼습니다.

국가라기보다는 여러 부족 및 세력들의 연맹체에 가까운 것으로, 그 세력 간 경계가 분명하지 않았습니다. 마한은 54개의 소국으로 이루어져 경기, 충청, 전라 지역에 펼쳐져 있었으며, 진한은 대구, 경주 지역에서 12개의 소국으로, 변한은 낙동강 하류 지역에서 12개의 소국으로 이루어져 있었습니다. 특히 마한의 목지국(目支國)이 가장 강한 세력으로 삼한 전체를 주도하였으나 각 지역에서도 신지, 읍차 등의 군장 세력이 존재했고, 종교적 지도자로 하늘에 지내는 제사를 주관하는 천군(天君)이 있었으며, 제사를 지내는 특별한 장소로 소도라는 구역이 있었습니다. 이 구역에는 정치적 지도자들이 영향력을 끼치지 못해 가령 범죄자가 숨어들어도 이를 잡아갈 수 없었는데, 이를 통해 삼한은 제정이 분리된 사회였음을 추정해볼 수 있습니다. 삼한은 비옥한 토지를 바탕으로 농경이 일찍부터 발달하였고, 철기문화의 유입을 통해 철제 농기구가 발달하였으며 특히 철이 많이 난 변한지역의 철제 기구가 유명하였습니다.

시청해 봅시다

한반도에 고대국가가 생겨나는 과정에 대해 관련 영상들을 참고하면서 이해해 보도록 합시다.

• 드라마 〈주몽〉, MBC(2006-2007)

고대국가의 성립과 남북국시대

이런 것들을 배워 봅시다

한반도에서는 철기문화가 발달하면서 고대국가들이 생겨났고 이후 고구려, 백제, 신라의 세 나라가 각기 정치적인 안정을 이루면서 대립하는 양상이 전개되었습니다. 먼저 고구려가 부여를 멸망시키고 한반도에서 만주에 이르는 지역의 강국으로 부상하였고, 이후 백제가 한강 유역의 지리적 장점을 이용하면서 중국과 일본의 여러 나라와 적극적으로 교류하며 빠르게 성장하였습니다. 신라는 비교적 그 성장세가 늦었으나 4세기 이후 낙동강 지역을 점령하며 고대국가의 기반을 갖추었습니다. 4세기 말, 광개토대왕의 정복활동으로 요동지역까지 그 세력을 확장한 고구려는 그 아들 장수왕대에 남하하여 백제와 신라를 직접 위협하였습니다. 이에 대해 백제와 신라는 동맹을 맺어 고구려를 견제하였으나, 한강 유역을 두고 다시 양자 간 대립이 생겨났습니다. 이에 신라는 당나라와 동맹을 맺고 고구려, 백제와 대립하였습니다. 결국 당나라의 지원을 받은 신라가 백제와 고구려를 차례로 멸망시키고, 한반도에서 당나라 세력을 물리치면서 삼국을 통일하였습니다. 같은 시기 고구려의 옛 영토에서는 고구려 유민을 중심으로 하는 발해왕조가 성립되면서 남북국시대가 펼쳐졌습니다. 남북국시대는 250여 년간 이어지다가 이후 발해가 거란에 멸망하였고, 통일신라 왕조는 내부의 혼란으로 다시 분열되어 후삼국시대를 맞이하였다가 왕건이 세운 고려에 의해 다시 통일되었습니다.

- 한반도에서 펼쳐진 삼국시대의 전개양상과 중국 왕조들과의 관계에 주목하고, 이 시대를 국제정치적인 시각에서 살펴보도록 합시다. 한반도에서 통일왕조의 등장이 가지는 과정과 의미에 대해 이해해 보도록 합시다.

찾아가 봅시다

▼ 삼국시대 유적지

- 신라의 수도(경상북도 경주시)
- 백제의 수도(충청남도 부여군·공주시)

- 백제의 서울 방어선 몽촌토성, 한성백제박물관(서울시 송파구)
- 중원 고구려비(충청북도 충주시)

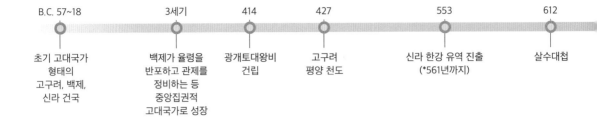

초기 고대국가 형태의 고구려, 백제, 신라 건국 | 백제가 율령을 반포하고 관제를 정비하는 등 중앙집권적 고대국가로 성장 | 광개토대왕비 건립 | 고구려 평양 천도 | 신라 한강 유역 진출 (*561년까지) | 살수대첩

▌ 한반도에서 고대국가들이 생겨나다 ▌

한반도에 유입된 철기문화를 바탕으로 여러 세력들이 생겨났고, 그들 가운데 힘을 지닌 집단들이 연합하여 주변 세력들을 평정하고 합병해 가는 부족연맹 형태의 왕국들이 성립하였습니다. 부족들은 가장 큰 힘을 가진 부족의 대표자를 왕으로 세우고 중앙집권적인 정치 형태를 갖추게 되면서 고대국가로 성장하였습니다.

먼저 고구려(高句麗)는 부여에서 온 이주민과 압록강 유역의 토착민들이 연합하면서 이루어진 국가로(B.C 37), 1세기 무렵 태조왕(太祖王) 때부터 요동 지방으로 진출하고 옥저를 정복하는 등 세력을 키웠습니다. 2세기 고국천왕(故國川王) 대에 이르면 기존 다섯 부족이 행정적인 기능을 수행하는 5부체제로 개편하면서 고대왕국으로서의 면모를 갖추어 나갔습니다. 특히 이 시기부터 계루부의 고씨(高氏)가 왕위를 독점적으로 세습하면서 왕위계승 또한 기존 형제상속에서 부자상속의 양상으로 바뀌었습니다. 3세기에는 위(魏)나라의 침입을 받아 위기를 겪기도 했으나 이를 극복하였고, 4세기 초에는 미천왕(美川王)이 중국 대륙에서 5호 16국이 발흥하였던 혼란 상황을 틈타 낙랑군을 몰아내면서 대동강 유역을 확보하고 남쪽 진출의 기반을 만들었습니다. 이후 소수림왕(小獸林王) 때에 이르면 북조(北朝)의 전진(前秦)과 수교를 맺고 불교를 수용하였으며 태학(太學)을 설립하여 인재를 양성하는 한편 율령(律令)을 반포하여 고대국가로서의 체제를 갖추게 되었습니다.

648	660	668	676	698	780	900	901
나-당 동맹 성립	백제 멸망	고구려 멸망	기벌포전투 승리	발해 건국으로 남북국시대 성립	혜공왕 사망	견훤이 후백제 건국	궁예가 후고구려 건국

백제(百濟)는 부여와 고구려에서 내려온 세력이 형성한 국가로, 《삼국사기》에 따르면 고구려의 건국자인 주몽의 아들 온조(溫祚)가 하남의 위례성(慰禮城)에서 건국하였습니다(B.C 18). 이로부터 백제는 고구려 계통의 부여 유민세력과 한강 유역의 토착세력 간의 결합으로부터 만들어진 국가임을 알 수 있으며, 무엇보다 한강 유역을 차지하였기 때문에 농경 및 교통에 매우 유리한 조건을 갖추고 있었던 만큼 고대국가로 빠르게 성장할 수 있었습니다. 3세기 고이왕(古爾王)은 율령을 반포하고 왕 이하 6좌평의 관제를 마련하였으며 관리의 복색을 제정하는 등 지배체제를 정비하여 중앙집권적인 고대

더 알아봅시다

한사군의 설치와 멸망 위만조선이 멸망한 이후 요동에서 한반도에 걸친 지역에는 다양한 정치공동체들이 존재했는데, 특히 한무제(漢武帝)가 설치한 한사군(漢四郡)은 성장하는 한반도의 고대국가들과 경쟁하는 관계에 있었습니다. 처음 설치한 4개의 군은 진번군, 임둔군, 현도군, 낙랑군으로, 진번군과 임둔군은 이미 고구려, 백제 등이 성장하면서 멸망한 것으로 추정되나, 현도군과 낙랑군 및 후에 설치된 대방군은 4세기 초반까지도 남아서 독자적인 영향력을 가지고 있었습니다.

이후 4세기 초에 이르면 이미 후한은 멸망한 상태로 중국 대륙에서는 5호 16국에서 남북국시대로 이어지는 정치적 혼란기에 있던 상황이었으므로 낙랑군, 현도군, 대방군 등은 독자적인 정치공동체의 성격을 띠고 한반도에서 존재하고 있었던 것입니다. 특히 고구려가 이들과 치열하게 대립하면서 미천왕 3년(302)에는 현도군을, 14년(313)에는 낙랑군을 공격하여 적을 사로잡았다는 기록이 확인되고, 15년(314)에는 대방군을 병합하여 고구려의 영토로 삼았습니다. 이와 관련한 대립 양상은 《삼국사기》의 〈고구려본기 대무신왕〉편에 왕자 호동에 대한 기록에 나온 일명 "호동왕자와 낙랑공주"라는 설화로도 전해지고 있습니다.

국가의 기틀을 갖추게 되었습니다. 당시 한강 유역은 농경에 적합한 자연환경을 갖추었고 바다와 연결된 수로를 통해 중국의 선진문화를 빠르게 흡수하는 등 지리적인 이점이 많은 지역이었습니다. 4세기 후반 근초고왕(近肖古王) 대에 이르러 이렇게 성장한 국력을 바탕으로 주변 지역에 대한 정복사업을 벌임으로써 마한(馬韓)을 통합하고 고구려의 평양을 공격하였으며, 부자상속의 왕위계승이 확립되었습니다. 또한 침류왕(枕流王) 대에는 요서지방의 전진(前秦)지역으로 진출하고, 산동 반도의 동진(東晉)으로부터 불교를 받아들여 왕실의 권위를 높이고 백성들의 사상적 통합을 도모하였으며 왜(倭)와도 교류하는 등 동북아시아 지역에서 활발한 활동을 전개하였습니다.

신라(新羅)는 경주 지역에 있던 6개의 부족집단이 연합하여 '사

▶ 4세기 중반
백제의 활동

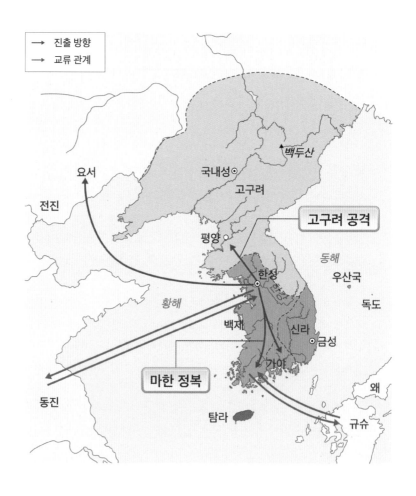

칠지도 일본 나라현 덴리(天理)시 이소노카미신궁에 현재 보관되어 있는 철제 칼로, 옆으로 6개의 가지가 뻗어 있는 모양에서 칠지도(七枝刀)라고 부릅니다. 칼 앞면에 35글자, 뒷면에 27글자가 새겨져 있으며 이 글자의 해석을 두고 한국과 일본의 학계에서는 많은 논란이 있습니다. 기본적으로 백제에서 만들어 일본으로 건너갔다는 사실은 분명하지만, 글자의 해석에 따라서는 한국이 일본의 왕에게 하사하였다는 의미로도, 바쳤다는 의미로도 읽을 수 있기 때문입니다. 특히 한국과 일본의 고대사에서 민감한 주제인 임나일본부설이나 삼한정벌설 등과 관련하여 해석될 여지가 많아 여전히 많은 연구와 논란이 계속되고 있습니다.

◀ **칠지도** ⓒ국립중앙박물관

로국'이라는 이름의 공동체로 출발하였습니다(B.C 57). 처음에는 박혁거세(朴赫居世)를 중심으로 건국되어 박씨, 석씨, 김씨의 세 성씨들이 돌아가며 '이사금'이라는 명칭의 지배자로 추대되었고, 철기문화를 바탕으로 주변 세력을 흡수하며 성장하였으나, 각 부족들의 세력은 유지되고 있었습니다. 그러다가 4세기 후반 내물왕(奈勿王) 대에 이르러 낙동강 지역에서 활발한 정복전쟁을 벌여 세력을 확장하고 왕권을 강화하면서 비로소 김씨의 왕위세습 체제가 확립되었습니다. 이 시기에는 지배자의 칭호도 '마립간'으로 바뀌었고, 가야와 왜(倭)의 연합세력이 공격해오자 고구려 광개토대왕의 도움을 받아 이를 물리친 일도 있었습니다.

　낙동강 하류에는 그 지형적 특성상 농경이 발달하고 철의 생산이 많아 철기문화가 융성하였습니다. 이로부터 여러 개의 정치공동체가 성장하였고, 이들 간의 통합으로 연맹왕국 형태의 공동체 가야(伽耶)가 등장하였으며, 3세기 이후로는 김해지역의 금관가야(金官伽倻)가 주도적인 역할을 하였습니다. 가야는 독자적인 철기문화를 바탕으로 낙랑, 왜 등과 교류하면서 다양한 문화를 수용하며 발전했지만, 5세기 초 고구려의 공격으로 그 기세가 많이 쇠퇴하였고,

이후 고령지역의 대가야(大伽倻)를 중심으로 세력을 유지하였으나 여전히 각 부족들의 정치적 기반이 유지되었기에 특정 국왕을 중심으로 하는 고대국가로까지 성장하지는 못하였습니다.

▌ 광개토대왕과 함께 고구려가 중흥기를 맞이하다 ▌

4세기 말엽 광개토대왕(廣開土大王)이 즉위하면서 고구려는 동북아시아의 강자로 등장하게 되었습니다. 서북쪽으로는 후연(後燕)을 공격하고 동쪽으로는 숙신(肅愼)과 동부여(東扶餘)를 정복하였으며, 남쪽으로는 백제를 압박하여 한강 이북지역을 차지하거나 신라에 원군을 보내어 왜를 격파하는 등 급속하게 그 영향력을 확대해 갔습

더 알아봅시다

광개토대왕릉비와 그 기록 현재 중국 지린 성 지안 시 태왕진에 있는 고구려 제19대 광개토대왕의 능비로, 중국이나 일본에서는 호태왕비(好太王碑)라고 합니다. 광개토대왕의 아들 장수왕이 414년에 아버지의 업적을 기리기 위해 세운 것으로, 높이 6.39m, 너비 1.8-2m의 크기에 네 면에 1775개의 글자가 새겨져 있습니다. 내용은 크게 고구려의 건국부터 광개토대왕까지의 역사를 다룬 첫째 부분과 광개토대왕의 정복 전쟁을 기술한 둘째 부분, 능비의 건립에 관한 마지막 부분까지 세 부분으로 이루어져 있으며, 내용 가운데 고대 일본과 신라, 백제와의 관계를 적은 신묘년조(辛卯年條)에 대한 해석의 차이를 두고 현재까지도 많은 연구와 논란이 이어지고 있습니다.

▶ 중국 길림 광개토대왕릉비 북면　▶▶ 광개토대왕비 탑본
　ⓒ국립중앙박물관　　　　　　　　ⓒ국립중앙박물관

고구려의 남쪽 진출과 중원 고구려비   중원 고구려비
(中原 高句麗碑) 또는 충주 고구려비(忠州 高句麗碑)라
고도 부릅니다. 비의 높이는 2.03m, 폭은 55cm로, 충
청북도 충주시 중앙탑면 용전리 입석마을에 있습니다.
장수왕이 5세기 무렵에 만든 것으로 추정되며, 신라토
내당주(新羅土內幢主)라는 표현을 통해 충주 고구려비
를 만들 당시 고구려군이 신라에 주둔했고 고구려가 신
라에 대한 영향력을 행사하고 있었으며, 고구려의 남쪽
국경이 충주까지 이르렀음을 알 수 있습니다.

▶ 중원 고구려비

▶ 전성기 고구려 영토

화랑도(花郞徒)란?

화랑도는 신라에서 화랑을 우두머리로 한 청소년 수양단체를 말합니다. 원래 화랑이란 '꽃처럼 아름다운 남성'이라는 뜻으로, 혹은 화판(花判)·선랑(仙郞)·국선(國仙)·풍월주(風月主) 등으로 불리기도 하였습니다. 단체 정신이 매우 강한 청소년 집단으로서 교육적·군사적·사교단체적 기능을 가지고 있었으며, 무엇보다도 많은 인재를 배출해 신라의 삼국 통일뿐만 아니라, 골품제(骨品制) 사회에서의 여러 계층 간의 긴장과 갈등을 조절, 완화하는 데도 이바지하였다고 알려져 있습니다.

니다. 이러한 광개토대왕의 활약상은 그 아들 장수왕(長壽王)이 건립한 광개토대왕릉비에 상세히 기록되어 있습니다. 광개토대왕의 뒤를 이은 장수왕은 선대에 이루어진 강력한 국력을 바탕으로 중국 대륙의 남북조와 교류하고 북방민족들과 지배복속 관계를 통해 안정을 도모하였으며, 적극적인 남진정책을 실시하여 평양 천도(427) 및 한강 유역 진출(475)을 하였습니다. 특히 고구려의 한강 유역 진출은 백제에게는 직접적인 위협으로 작용하여 백제는 웅진(熊津)으로 천도할 수밖에 없었습니다.

▌ 신라가 대두하여 한강 유역을 차지하다 ▐

광개토대왕 이후 고구려의 정치적 간섭을 받던 신라는 6세기부터 본격적으로 발전하였습니다. 지증왕(智證王) 때에는 나라의 이름을 '신라'로 바꾸고 지배자의 칭호도 기존의 '마립간'에서 '왕'으로 바꾸었고 농업을 장려하며 수리시설을 정비하고 지방의 행정구역을 정리하는 등 국가로서의 면모를 일신하였습니다. 뒤를 이은 법흥왕(法興王) 때에는 율령을 반포하고 불교를 공인하였으며(527), 관제를 정비하고 금관가야를 병합하여 한반도 동남부에서 세력을 키웠습니다.

진흥왕(眞興王) 시기에 이르면 화랑도 를 국가적인 조직으로 개

▶ 북한산 신라 진흥왕 순수비

▶▶ 단양 적성비

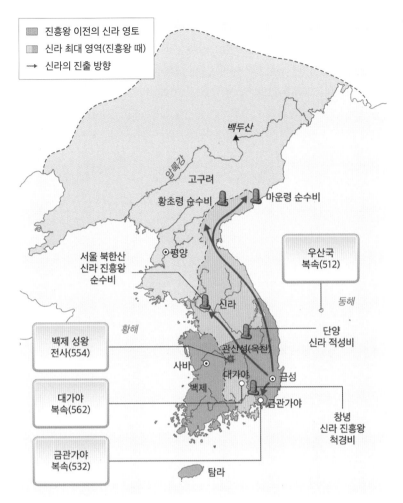

진흥왕 이전의 신라 영토
신라 최대 영역(진흥왕 때)
→ 신라의 진출 방향

백두산

압록강

고구려

황초령 순수비

마운령 순수비

서울 북한산
신라 진흥왕
순수비

평양

우산국
복속(512)

동해

신라

황해

백제 성왕
전사(554)

단양
신라 적성비

관산성(옥천)

사비

대가야

백제

금성

창녕
신라 진흥왕
척경비

대가야
복속(562)

금관가야

금관가야
복속(532)

탐라

편하여 인재를 양성하였고, 적극적인 영토 확장을 시도하여 함경도 남부와 한강 유역까지 신라의 영토로 편입시켰습니다. 특히 한강 유역으로의 진출은 신라가 중국과 직접적인 교류가 가능해진 것을 의미하는데, 이로 인해 이후 신라가 삼국통일로 나아가는 중요한 교두보를 마련하게 되었습니다. 진흥왕은 자신의 영토 확장을 알리고자 점령지에 비석을 세웠는데, 이 때 세운 단양 신라 적성비와 창녕 척경비, 북한산 진흥왕 순수비, 황초령 순수비, 마운령 순수비 등은 지금도 남아 있습니다.

신라의 불교 수용과 이차돈의 순교 신라는 원래 부족세력이 강했던 만큼 각 부족의 토착종교에 대한 집착 또한 가장 강력하였습니다. 이런 사정으로 인해 불교는 일찍부터 소개되었지만 뿌리를 내리기가 어려웠습니다. 고구려나 백제가 일찍부터 불교를 공인하여 왕권 강화에 이용하고 있었던 데 비해, 신라의 왕권은 늦게까지 불교를 국가적으로 공인할 만큼 견고하지 못하였습니다. 이차돈(異次頓)의 순교에 대한 기록은 이런 사정을 잘 보여주고 있는 것으로, 유독 신라만이 '순교'라는 극적인 사건, 그것도 '하얀 피'가 뿌려졌다는 기이한 상황의 연출을 필요로 했던 점은 주목할 만합니다. 그런 만큼 신라에 불교가 뿌리내리는 과정에는 많은 고난과 노력이 필요했고, 그것이 불국토사상(佛國土思想)의 강조나 각종 학설의 발달, 고승(高僧)들의 활약 등으로 이어졌다고 말할 수도 있을 것입니다.

▌ 나-당 동맹에 의해 백제와 고구려가 멸망하다 ▌

대막리지
(大莫離支)란?

대막리지는 고구려 말기에 행정과 군사권을 장악한 최고 관직을 말합니다. 연개소문이 자신의 권력을 강화하기 위해 새롭게 설치한 관직으로, 강력한 힘으로 고구려를 단합시켜 수·당의 침입을 격퇴하는 등의 효과를 거두었습니다. 그러나 지나치게 집중된 권력으로 인해 본래 귀족이 연합하여 정치를 운영하는 체제였던 고구려의 전통을 무시한 나머지, 연개소문 사후 귀족세력의 분열과 이탈을 초래하는 부작용을 낳았습니다.

중국 대륙에서 6세기 말에 수(隋)나라가 통일왕조로 등장하였고, 이후 당(唐)나라가 뒤를 이으면서 동북아시아의 정세는 크게 변화하게 되었습니다. 먼저 수나라는 주변으로 세력을 넓히면서 고구려에 복속을 요구하였고, 고구려가 거절하자 요서지방을 공격하였습니다. 1차로 수 문제(文帝)가 30만 명의 병력을 동원하여 고구려를 침략하였으나 별다른 성과 없이 물러났고, 이어서 수의 양제(煬帝)가 113만 명의 대군으로 2차 침략을 감행하였으나 을지문덕(乙支文德)의 활약으로 살수에서 이를 물리쳤습니다(살수대첩, 612). 수나라는 이후에도 몇 차례 더 공격을 시도하였지만, 결국 무리한 원정과 토목공사 등으로 민심을 잃고 멸망하게 되었습니다. 뒤를 이어 중국을 통일한 당나라는 주변 지역으로의 확장을 시도하였고, 다시 고구려와 충돌을 일으키게 되었습니다. 당시 요동지역의 군세를 바탕으로 정변을 일으켜 권력을 장악하고 대막리지°에 오른 고구려의 연개소문은 당나라에 대해 강경정책으로 대응하였고, 이에 당 태종(太宗)은 직접 군사를 이끌고 고구려를 공격해 들어왔습니다. 645년 당 태종의 군대는 랴오허강 일대의 요동성, 백암성 등을 차례로 함락시킨 후 안시성(安市城)을 공격하였으나 안시성의 성주 양만춘(楊萬春)과 백성들의 항전으로 당의 공격을 물리쳤고, 이후에 몇 차례 공격 시도가 더 있었지만 고구려는 이를 막아냈습니다. 이로부터 당나라는 고구려 정복을 위해서 한반도 내의 다른 세력과 연합할 필요를 느끼게 되었고, 백제의 공세에 부담을 느끼던 신라 또한 당나라와의 연합을 통한 세력 강화를 도모하면서 나-당 동맹(羅唐同盟)이 성사되었습니다.

나-당 연합군이 먼저 목표로 삼은 것은 백제였습니다. 기벌포 전투에서는 당나라 군대가, 황산벌 전투에서는 신라 군대가 각각 승리를 거두어 백제를 궁지에 몰아넣었고, 백제의 마지막 왕인 의자왕은 수도 사비성이 함락되자 일단 웅진으로 도피하였다가 결국 항복하였습니다(660). 다음으로 나-당 연합군은 고구려를 공격하였고 연개소문을 중심으로 한 고구려군은 일단 이를 물리쳤지만, 연이은 전쟁으로 인해 이미 국력이 크게 소모되었습니다. 고구려는 연개소문의 사망 이후 세 아들이 후계자 계승문제를 둘러싸고 권력 다툼을 벌여 정치적으로 혼란해지자 더 이상 나-당 연합군의 공격을 막아낼 수 없게 되었습니다. 668년 나-당 연합군이 평양을 점령하자 보장왕이 항복하면서 고구려는 멸망하게 되었습니다.

▎ 나-당 전쟁이 일어나고 신라가 삼국통일을 달성하다 ▎

백제와 고구려가 멸망하면서 그 유민들은 각각 부흥운동을 전개하여 나-당 연합군과 전투를 벌이게 되었습니다. 백제 부흥군은 주류성, 임존성 등을 거점으로 한때 크게 세력을 확장하기도 했으나 부흥운동 세력의 지도층이 분열하면서 나-당 연합군에게 진압되었습니다. 또 백제 왕실과 밀접한 관계를 맺고 있던 왜가 의자왕의 다섯

백강전투란?

백강전투란 백제의 멸망 이후 일본의 구원병과 백제의 부흥군이 합세하여 나·당 연합군과 벌였던 전투를 가리킵니다. 일본 측의 기록에서는 백촌강(白村江)이라고도 합니다. 일본은 백제와 전통적으로 우호관계를 맺고 있었으므로 백제부흥운동을 지원하기 위해 663년 약 4만 명의 군대를 파견하여 백강 유역에서 전투를 벌였으나 나·당 연합군이 승리하면서 실질적으로 백제가 완전히 멸망하고 신라는 삼국통일의 기반을 확보하게 되었습니다.

째 아들인 부여풍(扶餘豊)을 지원하여 백제 부흥군을 파견하기도 하였으나, 백강전투*에서 크게 패하면서 백제부흥운동은 소멸하였습니다. 고구려 유민들 역시 고연무 등을 중심으로 부흥운동을 전개하였으나 곧 나-당 연합군에 의해 진압되었습니다.

한편 한반도 전체에 지배권을 행사하고자 했던 당나라는 백제의 옛 땅에는 웅진도독부를, 신라에는 계림도독부를 설치하고 고구려의 수도 평양에는 안동도호부를 설치하였습니다. 여기에 반발한 신라는 백제 및 고구려의 유민들을 적극적으로 수용하고 왜와 외교관계를 수복하는 등 국제정세를 안정시킨 이후 당나라에 대항하였습니다. 매소성 전투(675)와 기벌포 전투(676)에서 승리를 거둔 신라는 나-당 전쟁의 주도권을 잡게 되었고, 결국 당나라가 평양에 두었던 안동도호부를 요동 지역으로 옮기면서 당의 세력을 대동강 이남에서 몰아내고 삼국 통일을 완수하게 되었습니다. 특히 이 사건은 한반도에서 각각 독립적으로 존재하던 세력들이 대륙 세력에 맞서

▶ 나·당전쟁 주요 전투와 신라 영토

서 처음으로 민족적인 공동체를 이루었음과 동시에, 대륙세력에게 한반도의 독자적인 통일국가로서의 정통성을 확보할 수 있게 된 사건으로 의미를 갖습니다. 다만 신라 역시 당의 세력을 끌어들임으로써 통일을 완수하였고, 고구려 영토의 대부분을 잃고 대동강 이남에서만 세력을 구축할 수 있었다는 한계 또한 존재하였습니다.

태종 무열왕의 후손들이 통일신라를 다스리다

태종 무열왕(太宗武烈王)은 진골 출신으로는 처음으로 왕위에 오른 인물입니다. 백제의 공세에 맞서기 위해 고구려, 왜 등에 직접 외교 사절로 건너가 교섭을 벌였고, 이후 당에 건너가 태종과 직접 관계를 맺고 나-당 연합을 성사시킴으로써 신라 통일의 기반을 닦았습니다. 무열왕의 통일 시도는 그 아들 문무왕(文武王) 대에 이르러 결실을 보았고, 통일왕국 구축 이후에 영토의 확장, 인구수의 증가, 귀족들의 경제적 기반 확충 등을 이루었습니다. 이러한 안정적인 정국 운영을 바탕으로 왕권이 크게 강화되었고, 문무왕의 아들 신문왕(神文王) 대에 이르러 진골 귀족들의 세력을 누르고 이후 8세기까지 무열왕 직계의 왕위계승을 가능하게 하는 기반을 마련하였습니다. 이런 움직임은 통치체제의 개편으로 나타나, 왕명을 수행하는 집사부가 강화되고 관리의 비리를 감찰하는 사정부가 설치되었으며, 귀족 세력을 대표하는 상대등의 권한 약화로 이어졌습니다. 또 국학(國學)을 설립하여 유학 교육을 실시함으로써 왕에게 충성하는 신진세력의 성장을 도모하고 진골 귀족들에 의해 소외되었던 6두품 세력을 중용하여 왕의 정치적 조언자 및 중앙의 실무행정을 담당하였습니다. 경제적으로는 관리에게 관료전을 지급하면서 녹읍을 폐지하였는데, 이는 귀족들의 경제적 기반을 약화시키는 효과로 나타났습니다.

진골이란?

진골은 신라시대의 신분제도인 골품제도의 한 등급을 가리킵니다. 신라의 신분제인 골품제도는 혈통에 따라서 정치활동이나 사회생활에 여러 가지 특권과 제약이 있었으며 가장 귀한 성골(聖骨)로부터 진골, 6개의 두품(頭品)까지 모두 8개의 신분층으로 구성되었습니다. 진골은 성골 다음의 계급으로, 성골과 같은 왕족이었으나 처음에는 왕에 오르지 못하다가 진덕여왕을 끝으로 성골이 사라지자 태종 무열왕(김춘추) 이후로 왕위에 오르게 되었습니다.

발해가 고구려를 계승하며 건국하다

당이 고구려의 수도 평양에 안동도호부를 설치하면서 고구려 유민들은 강제적으로 이주를 강요당했습니다. 그러나 안동도호부가 신라와의 전쟁 패배로 요동으로 옮겨가면서 고구려 유민들은 지속적으로 부흥운동을 일으키게 되었습니다. 마침 당의 지배에 저항하여 거란(契丹)이 봉기하면서 고구려 장군 출신 대조영(大祚榮)이 고구려 유민과 말갈인들을 이끌고 동쪽으로 진출하여 발해(渤海)를 건국하였습니다(698). 이로부터 북쪽에는 발해가, 남쪽에는 신라가 국가를 형성하여 남북국의 형세를 이루게 되었고, 대외적인 문서에서 발해는 고려, 또는 고려국왕이라는 명칭을 사용하여 고구려 계승의식을

▶ 발해 지도

내세웠습니다. 이후 당나라와 대립하던 발해는 문왕(文王)의 즉위 이후 친선관계로 돌아서면서 당의 문물과 제도를 받아들여 중앙통치체제를 정비하고 신라와의 교통로를 개설하여 교역하는 등 동아시아의 한 세력으로 자리잡게 되었습니다. 9세기 초에 이르면 옛 고구려의 영토 대부분을 차지하면서 넓은 영역을 지배하였고, '해동성국'이라는 칭호로 불리기도 하였습니다. 그러나 10세기 초에 이르러 당나라가 멸망하면서 요서지방을 중심으로 세력을 키우던 거란이 발흥하였고, 이들이 발해를 공격하자 당시 지배층 간의 내분으로 국력이 크게 약해져 있던 발해는 결국 926년에 멸망하였습니다.

▌신라 말기의 혼란을 틈타 새로운 지방 세력들이 등장하다 ▌

왕권의 강화와 지배체제의 안정으로 번영하던 통일신라는 8세기 후반에 들어서 진골 귀족들 간의 왕위쟁탈전이 본격화되었습니다. 특히 혜공왕(惠恭王)이 진골 귀족의 반란으로 사망하면서 무열왕계의 왕권 독점은 막을 내렸고, 이후 150년 동안 왕이 20명이나 교체되는 혼란상이 펼쳐졌습니다. 이런 과정 속에서 지방에서 독자적인 세력을 키우던 귀족이나 군사력을 가진 지방의 호족들이 다수 등장하게 되었고, 이들은 자신의 세력을 더욱 키우기 위해서 대농장을 경영하거나 노비를 늘리고 사병을 운용하는 등의 행동에 나서며 통일신라의 중앙집권 능력은 약화되어 갔습니다. 9세기 말 진성여왕(眞聖女王) 시기에는 지방민이나 농민들의 봉기가 다수 일어났지만 중앙정부는 이를 진압할 힘이 없었고, 결국 독자적으로 무장한 지방 호족들이 실질적인 지방의 지배자가 되는 양상이 나타나게 되었습니다.

이 시기 당나라 등에 유학을 다녀온 최치원 등 6두품들은 이러한 신라의 난맥상을 개혁하고자 노력하였으나 귀족제의 높은 벽

해동성국(海東盛國)이란?

해동성국은 바다 동쪽의 전성기를 맞이한 나라라는 뜻으로, 9세기 무렵 전성기를 맞이한 발해에 대하여 중국에서 볼 때 바다 동쪽에 있었으므로 해동이라고 하여 그 국력을 높이 평가하여 붙인 이름을 말합니다.

최치원(崔致遠)은?

최치원은 통일신라 말기의 학자로 12세에 당나라에 유학하여 과거에 붙어 관리로 활약하였고, 특히 '토황소격문(討黃巢檄文)'으로 문장가로서 이름을 떨쳤습니다. 신라로 돌아와서는 진성여왕에게 시무책을 올려 정치 개혁을 추진하였으며 유교(儒敎)·불교(佛敎)·도교(道敎)에 모두 이해가 깊었고, 수많은 시문(詩文)을 남겨 한문학의 발달에도 기여하였습니다.

압록강
청천강
발해
서경(평양)
송악(개성)
철원
후고구려의 건국
(901)
동 해
후고구려(태봉)
황 해
웅주
상주
일선
후백제의 건국
(900)
완산주
(전주)
신라
금성(경주)
후백제
무진주
(광주)
탐라

▲ 후삼국시대의 한반도

에 가로막혀 자신들의 시도가 실패하자 낙향하여 은둔하거나 혹은 지방의 유력 호족들과 연계하여 새로운 사회를 구상하는 방향으로 움직이기 시작했습니다. 그러던 가운데 10세기 초에 이르면 지방의 호족들 가운데 독자적인 나라를 세울 정도로 성장한 세력들이 나타나게 되었습니다. 이러한 과정을 거쳐 통일신라는 새롭게 등장한 세력들에 의해 분열되면서 그 막을 내리게 되었고, 한반도는 후삼국시대를 맞이하게 되었습니다.

시청해 봅시다

한반도의 고대국가들이 형성되고 대립하면서 이들은 서로를 어떻게 생각하였으며, 또 그 과정에서 신라의 통일이 가지는 의미는 무엇일지 관련 영상들을 참고하며 생각해 봅시다.

• 드라마 〈대조영〉, KBS(2006-2007)   • 영화 〈평양성〉(2011)
• 영화 〈황산벌〉(2003)   • 영화 〈안시성〉(2018)

고려 왕조의 성립과 전개

이런 것들을 배워 봅시다

고려 왕조는 후삼국을 통일한 왕조였지만 통일신라 말기에 성장한 독자적인 지방세력이나 귀족세력들을 통합해야 하는 과제가 있었습니다. 이에 왕건은 이들과의 혼인 등으로 대표되는 포용정책을 실시하여 단기간 안에 안정적인 왕조를 구축할 수 있었습니다. 이후 과거제도의 실시나 지방제도의 정비, 중앙관료의 파견 등으로 국가체제를 안정화하였으며 이를 바탕으로 고려의 독자적인 문화를 발전시켰습니다. 동 시기 중국에는 당 멸망 이후 여러 세력들이 등장하여 고려에 위협이 되기도 했지만, 고려는 외교 및 각종 교류 등을 통해 위기를 극복하거나 때로는 전쟁으로 이들을 물리치기도 하였습니다.

- 고려시대의 사회문화적 특징을 왕조 초기의 정치적 상황과 연결시켜 이해해 봅시다.
- 이 시기에 만들어진 제도와 문화가 이전과 어떤 차이점이 있는지 주목해 봅시다.

찾아가 봅시다

▼ 강감찬 유적지

- 낙성대(서울시 관악구)

918
왕건이
고려 건국

936
후백제 멸망과 고려의
후삼국 통일

958
광종, 과거제
도입

982
최승로,
성종에게
시무28조 제출

▌ 왕건이 후삼국을 격파하고 통일 고려 왕조를 세우다 ▌

신라 말기, 오랜 기간 왕족과 귀족들 간의 다툼이 이어지면서 지방의 호족들이 자기 세력을 강화하여 독자적인 정치세력으로 성장하게 되었습니다. 특히 궁예(弓裔)가 태봉(현재 강원도 철원)을 중심으로 세력을 키워 고구려의 계승자임을 천명하여 후고구려를 세우고, 견훤(甄萱)이 전라도 전주와 익산 지역을 중심으로 백제를 계승한다는 명분을 내세워 후백제를 일으키면서 통일국가 신라는 해체되었습니다. 궁예는 개성지역의 유력호족이던 왕씨(王氏) 집안의 조력으로 급속하게 세력을 확장하였지만, 결국 독선적인 정치행태로 민심을 잃어 부하들에게 축출되었고, 왕건(王建)이 권력을 잡으면서 918년에 고려(高麗)를 건국하고 태조(太祖)로 등극하였습니다.

　고려 건국 이후 왕건은 견훤의 후백제와 치열한 다툼을 벌였는데, 이 과정에서 여타 지역의 호족들이나 신라세력에 화친 정책을 취하여 후백제 외의 세력들에게 폭넓은 지지를 얻어냈습니다. 그런 가운데 후백제에서 왕위계승권을 둘러싼 내분이 일어나 견훤이 고려에게 투항하는 사건이 일어났고, 동시에 신라의 경순왕(敬順王)이 더 이상 나라를 지탱할 수 없다고 하여 왕건에게 통합을 요청하면서 고려는 세력을 키울 수 있었습니다. 이후 고려는 신검이 이끄는 후백제군을 격파하고 후삼국을 통일하였습니다(936).

▌왕건이 포용정책을 취하다 ▌

고려 태조 왕건은 즉위 직후 노비를 해방하고 세금을 일정하게 정하여 민생의 안정에 주력하였으며, 지방의 유력 호족들과 혼인관계

훈요십조 태조 왕건은 후대의 왕들이 취해야 할 기본적인 정책방향을 제시하는 교훈으로 훈요십조(訓要十條)를 남겼는데, 여기에서는 불교와 도교를 포함한 다양한 종교에 대한 관용적 태도, 서경에 대한 중시, 왕위계승에 대한 원칙 등을 밝히고 있습니다. 그 내용은 다음과 같습니다.

① 국가의 대업은 부처의 호위를 받아야 하므로 선(禪)·교(敎) 사원을 개창한 것이니, 후세 간신이 정권을 잡아 승려들의 간청에 따라 각기 사원을 경영, 쟁탈하지 못하게 할 것.

② 신설한 사원은 도선(道詵)이 풍수지리를 점쳐서 세운 것이므로 함부로 없애거나 옮기거나 하지 말 것.

③ 왕위계승은 맏아들로 함이 원칙이지만, 만일 맏이 어리석거나 모자라면, 둘째 아들에게, 둘째 아들이 그러할 때에는 그 형제 중에서 가장 똑똑한 사람에게 왕을 잇게 할 것.

④ 당(唐)의 풍습을 따르고 있으나 그 풍토와 인성이 다르므로 반드시 똑같이 할 필요는 없으며, 거란(契丹)은 금수의 나라이므로 본받지 말 것.

⑤ 서경(西京)은 중요한 곳이니 중시하며 해마다 100일을 머물 것.

⑥ 연등회와 팔관회를 중시할 것.

⑦ 백성을 잘 보살피고 그 목소리를 들어 편안케 할 것이며, 상벌을 공평히 할 것.

⑧ 차현이남(車峴以南)과 공주강외(公州江外)는 산형과 지세가 모두 배역하였으며 인심도 역시 그러하니 경계할 것.

⑨ 신하들의 녹봉은 나라의 대소에 따라 정할 것이고 함부로 증감하지 말 것.

⑩ 태평성대일수록 방심하지 말 것이며 언제나 경계하는 마음을 가질 것.

사심관제도란?

사심관제도란 고려 태조 왕건이 지방 호족 세력을 견제하기 위해서 실시한 제도로, 지역의 관리를 그 지역 사람으로 임명하여 지역에 반역이 생겨날 경우 사심관 직에 임명된 관리에게 함께 책임을 지게 하는 것이었습니다.

기인제도란?

기인제도는 태조 왕건이 지방 호족의 자제를 볼모로 중앙에 머물게 하는 것이었습니다. 이 제도는 호족 세력을 견제하여 왕권을 강화하기 위한 것이었는데, 다만 실제로 고려시대는 지방 호족의 권력이 매우 강했기 때문에 경우에 따라서는 반드시 왕권의 유지나 강화에 반드시 유리한 양상으로 전개되지는 않았습니다.

를 맺고 왕씨의 성을 하사하는 등 건국 초기 왕조의 안정을 추구하였습니다. 또한 발해의 유민들을 포용하거나 백제와 신라 출신 세력을 지배 세력으로 수용하는 등 민족을 통합하는 정책을 취하였습니다. 이런 과정에서 사심관제도, 기인제도 등을 두어 지방에 대한 소통과 지배를 도모하였습니다. 동시에 발해를 멸망시킨 거란에 대해서는 배척하는 태도를 보였고, 건국 초기부터 서경(西京)을 중시하여 남쪽의 인구를 이주시키는 등 적극적인 북진정책을 취하여 청천강에서 영흥만에 이르는 지역까지 영토를 확보하였습니다.

▌ 광종이 왕권의 안정을 도모하다 ▌

태조는 건국 초기 많은 호족들과 인척 관계를 맺어 왕조의 안정을 도모하였으나 호족의 세력 자체를 약화시키지는 못하였고, 도리어 왕씨 혈통을 가진 다수의 왕자들이 각기 호족 세력을 배경으로 정권 쟁탈을 벌이는 양상이 나타났습니다. 태조의 뒤를 이은 혜종과 정종은 재위 중 왕위계승을 둘러싼 호족들의 세력다툼을 경험하였고, 이를 목격하며 왕위에 오른 광종(光宗)은 왕권의 강화를 위한 각종 개혁을 추진하였습니다.

광종은 먼저 노비안검법(奴婢按檢法)을 실시하여 왕조 교체의 혼란기에 불법적으로 노비가 된 자를 조사하여 양민으로 풀어주었는데, 이 조치는 호족의 경제력을 약화시키고 국가재정의 확충을 도모하기 위한 것이었습니다. 또한 과거제를 실시하여 유학을 공부한 인재를 관리로 선발하였는데, 이것은 권력의 중심을 장악하고 있던 기존 호족 세력을 누르고 왕권에 힘을 실어 줄 세력을 새롭게 만들기 위한 조치이기도 했습니다. 이들은 이후 전문 관료로서 광종에게 충성하고 그 개혁을 수행하는 손발로 활약하게 되었습니다. 또한 국왕의 권위를 높이기 위해 스스로 황제라 칭하고 개경을 황도라고 불렀으며 광덕(光德), 준풍(峻豐) 등의 독자연호를 사용하였습니다. 이러한 일련의 조치에 호족 세력은 크게 반발하였으나, 960년(광종 11)에는 각종 역모사건과 관련하여 주요 재상을 맡고 있던 호족 세력을 제거하거나 축출하는 등 왕권 강화를 위한 숙청작업을 벌이기도 하였습니다.

중앙정치체제가 정비되다

광종의 뒤를 이은 경종(景宗)은 광종의 정책을 철회하고 광종의 개혁을 지지하였던 신진 세력을 제거하였습니다. 특히 전시과(田柴科) 제도를 시행하여 전·현직 관리에게 토지를 지급하여 경제적 기반을 안정시켜 주었는데, 이런 조치들은 전대 광종의 강력한 개혁정책으로 인하여 불만을 가지고 있던 호족 세력을 달래고 정국을 안정적으로 운영하기 위한 것이었습니다.

성종(成宗)은 유교정치를 전면에 내세워서 이전 대의 혼란들을 수습하고자 하였습니다. 먼저 최승로(崔承老)가 제시한 시무 28조를 적극적으로 채택하여 지방 세력의 통제와 지방관의 파견, 유교 진흥과 불교행사의 축소, 토속적인 민간신앙 의례였던 팔관회를 폐지하는 조치를 취하였습니다. 또한 원구단(圜丘壇)을 설치하고 태조의 신위를 모시거나, 태묘(太廟)를 설치하여 유교식 제례를 행하였고, 의창, 상평창 등을 설치하여 백성들에 대한 애민정책을 실시하였으며, 효자나 절부 등을 찾아내서 포상하는 등 유교적 가치를 중시하고 보급하고자 노력하였습니다.

행정적으로는 당(唐)의 3성 6부제를 변용한 2성 6부제를 운용하고 군현제를 정비하여 전국 12개 주에 관리를 파견하였으며, 각 지역 지방관청에 공해전을 지급하는 등의 조치를 취하였습니다. 특히 최고행정기구인 중서문하성은 국가정책의 계획 및 결정을, 상서성

시무 28조란?

시무 28조는 고려 전기의 문신 최승로가 성종에게 당면한 과제들에 대한 자신의 견해를 서술한 정책서입니다. 28조 중 현재 알 수 있는 내용은 22조까지이며, 나머지 6조의 내용은 전해지지 않습니다. 그 내용은 불교비판, 민생문제, 사회제도, 대외관계, 군주관 등 당시 가장 중요한 과제가 될 만한 내용을 담고 있었으며, 성종에게 적극 수용되면서 고려 초기 여러 가지 방면으로 국가체제정비에 많은 영향을 끼쳤습니다.

은 6부(이·병·호·형·예·공)를 통한 실제 정무를 나누어 집행하였습니다. 또한 이 시기에는 국방과 군사문제를 관장하는 도병마사(都兵馬使)와 법제와 격식을 담당하는 식목도감(式目都監)이라는 회의기구가 설치되어 정책 결정에 관여하였는데, 이것은 왕의 독단적인 정책 결정 및 집행이 어려웠던 고려 귀족정치의 특징을 보여주는 것입니다. 중서문하성에 속한 낭사와 어사대의 관원은 대간(臺諫)이라 불리면서 왕의 자의적 권력 행사를 비판할 권한을 가지고 있었습니다.

지방제도 역시 정비되기 시작하여, 먼저 경주를 동경, 평양을 서경으로 두어 개성과 함께 3경 체제를 갖추게 되었습니다. 일반 행정구역인 5도를 두고 안찰사를 파견하여 지방행정을 돌보았으며, 군사적인 요충지인 서경지역에는 북계를, 동쪽 해안지역에는 동계를 두고 병마사를 파견하였습니다. 각 주현에는 지방관이 파견되었으며, 이들은 지방관이 파견되지 않은 속현까지 통솔할 권한을 부

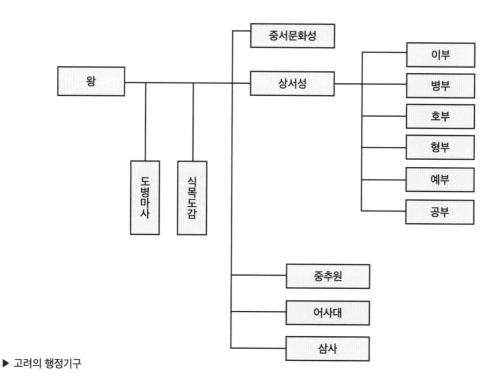

▶ 고려의 행정기구

여받아 중앙의 명령을 집행하는 역할을 맡았습니다. 실제적인 지방의 행정 업무는 각 지역의 토착 호족 세력들의 협조를 얻어야 했으므로 향리세력이 맡아 수행하였습니다.

고려의 관리는 어떻게 뽑았을까

고려의 관리등용 제도는 크게 과거제와 음서제(蔭敍制)의 두 종류가 있었습니다. 과거제는 광종이 후주(後周)에서 귀순한 쌍기(雙冀)의 건의를 받아들여 실시한 이래로 유능한 인재의 안정적인 선발제도로 정착되었습니다. 과거시험은 제술과, 명경과, 잡과, 승과로 나뉘었는데, 제술과는 문학적 소양과 당면 문제에 대한 해결능력을 묻는 시험이었고, 명경과는 유교 경전에 대한 이해를 묻는 시험이었습니다. 잡과는 의학, 천문, 회계, 지리 등 실용학문 능력을, 승과는 불교의 경전 이해 능력을 시험하였습니다. 과거시험은 천민 이외의 양민은 누구나 응시 가능했으나, 주로 문벌귀족 가문에서 다수의 과거 합격자를 배출하였습니다.

시험을 주관한 관리와 해당 시험에서 합격한 이들은 좌주-문생의 관계를 맺고 이후로도 정치적, 행정적 후원자로서 긴밀하게 협력하는 인맥을 형성하게 되었습니다. 특히 성종 대 이후로는 과거제가 지속적으로 실시되고 급제 인원수가 증가하였으며, 각 주, 군, 현에 경학박사˚와 의학박사˚˚를 파견하여 교육하게 하거나 학교를 건립하게 하는 등 과거시험과 연계된 교육제도가 확산되었습니다. 이러한 조치는 지방의 인재를 관료화시킴으로써 향리(호족) 세력을 억제하고 왕권의 강화로 이어지게 하려는 구상과도 관련이 있는 것이었습니다.

한편 음서제는 왕실과 공신의 후손 및 5품 이상의 고위 관리의 자손에게 시험 없이 관직을 주는 제도로, 자격이 되는 이들은 조

경학박사란?˚

경학박사는 고려시대 지방에 파견한 교수직을 말합니다. 서울에서 학업을 하다가 고향으로 돌아가기를 원하는 이들 가운데 학문에 통달한 자를 뽑아 경학박사로 삼아서 12목(牧)에 각각 1인씩을 보냈으며 각 주·군·현의 관리나 백성 중 가르칠 만한 자제가 있으면 교육을 시키는 것을 임무로 하였습니다.

의학박사란?˚˚

의학박사는 고려시대에 의학교육을 담당하던 관직입니다. 경학박사와 마찬가지로 서울에서 학업을 하다가 고향으로 돌아가기를 원하는 이들 가운데 의학에 통달한 자를 뽑아 의학박사로 삼아서 12목(牧)에 각각 1인씩을 보내 교육하게 하였습니다. 또한 각 주·군·현의 관리나 백성 중 성적이 뛰어나 의학에 종사하기에 괜찮은 이가 있으면 중앙에 천거하도록 하였습니다.

**문한직(文翰職)
이란?**

문한직은 국왕이나 왕세자 앞에서 경서를 강론하는 서연, 사서의 편찬, 과거시험 관리 같은 문장과 학식이 필수였던 자리를 가리킵니다. 주로 문장능력이 뛰어났던 과거시험 출신자들이 독점하는 경우가 많았습니다.

정에 음서의 권리를 요구할 수 있었습니다. 기본적으로 과거와 음서에는 부여되는 관직이나 승진의 한계 등에서 큰 차이가 없었으며 개인의 능력에 따라서 최고위 관직에 오른 인물들도 적지 않았습니다. 그러나 역시 음서보다는 과거시험을 통해 등용된 인재가 고위직, 특히 문한직*에 오르기 쉬웠으며 이로 인해 음서 자격이 있더라도 과거시험을 보거나 음서직으로 나간 이후에 과거시험에 응시하는 경우가 많았습니다.

▌ 10세기 동아시아의 정세가 급변하다 ▌

10세기 초, 중국에서는 당이 멸망하면서 여러 왕조가 등장하였습니다. 그중에서 거란이 세력을 규합하고 요(遼)를 건국하여 요동지역의 패권을 장악하기에 이르렀으며, 중원에서는 송(宋)이 패권을 잡으면서 요와 송이 대립하는 양상이 전개되었습니다. 고려는 원래 거란 세력을 배척하고 한족 왕조인 송과 우호적인 관계를 유지하고 있었는데, 993년(성종12) 거란의 소손녕(蕭遜寧)이 고려를 침략해 들어와 복속을 요구하였습니다. 당시 중군사(中軍使) 직위에 있던 서희(徐熙)는 거란의 진격 양상을 살피면서 외교적 해결이 가능할 것으로 전망하고 소손녕과의 회담을 추진하였습니다.

요의 입장에서는 송과 분쟁이 있는 상황에서 고려가 송과 가깝게 지내고 거란을 적대시하는 상황을 염려하고 있었으므로, 때마침 안융진 전투에서 고려군이 승리한 틈을 타 서희가 교류를 약속하자 거란도 더 이상의 전투를 멈추고 화친을 맺는 것으로 만족하며 군사를 철수시켰습니다. 이 회담을 통해 고려는 압록강 일대에 성(강동6주)을 쌓아 고려의 영토를 확장하였으며, 여진 세력에 대한 공동대처를 약속받기도 하였습니다.

이후 거란은 고려와 송이 교류를 계속하는 것을 문제 삼아 다

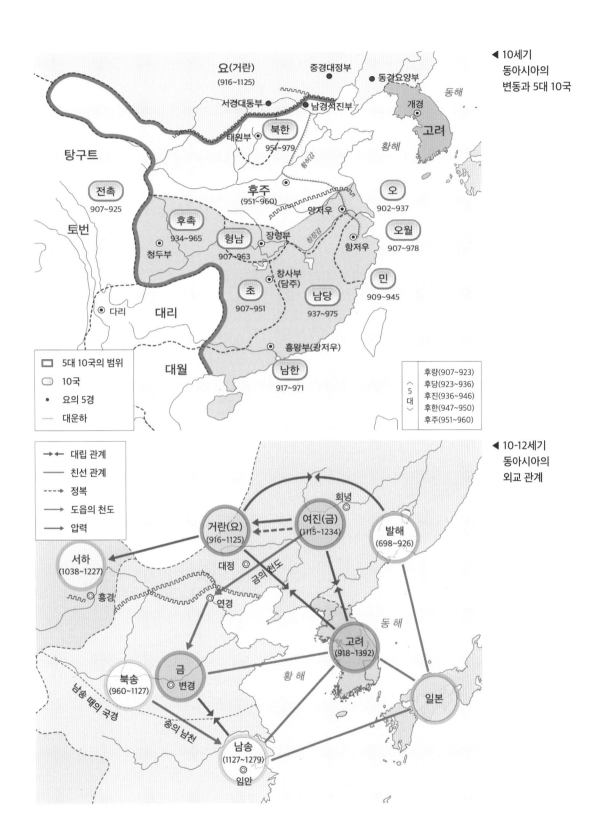

◀ 10세기
　동아시아의
　변동과 5대 10국

요(거란)
(916~1125)

중경대정부

동경요양부

동해

서경대동부

남경석진부

개경

고려

탕구트

태원부

북한
951~979

황해

후주
(951~960)

오
902~937

전촉
907~925

후촉
934~965

형남
907~963

장령부

양저우

오월
907~978

토번

청두부

창사부
(담주)

함저우

민
909~945

초
907~951

남당
937~975

다리

대리

흥왕부(광저우)

대월

남한
917~971

	5대 10국의 범위
	10국
•	요의 5경
—	대운하

〈5대〉	후량(907~923)
	후당(923~936)
	후진(936~946)
	후한(947~950)
	후주(951~960)

◀ 10-12세기
　동아시아의
　외교 관계

→← 대립 관계
—— 친선 관계
-→ 정복
→ 도읍의 천도
→ 압력

회녕

거란(요)
(916~1125)

여진(금)
(1115~1234)

발해
(698~926)

서하
(1038~1227)

대정

금의 천도

흥경

연경

고려
(918~1392)

동 해

북송
(960~1127)

금

변경

황 해

일본

남송 때의 국경

송의 남천

남송
(1127~1279)

임안

시 침입하였고, 제3차 침략에서는 10만여 명의 군사를 동원하여 본격적인 전쟁을 일으켰으나 강감찬(姜邯贊) 장군이 이끄는 고려군이 이를 격파(귀주대첩, 1019)하여 더 이상 침략해 들어오지 못하였습니다. 전쟁 이후 고려는 개경에 나성을 쌓고 압록강 입구에서 동해 도련포에 이르는 지역에 천리장성을 축조하여 북방민족의 침입을 대비하는 태세를 갖추게 되었습니다.

▌ 여진세력이 크게 성장하다 ▌

고려는 거란과 송과의 사대관계를 통한 국제관계를 유지하였고, 여진(女眞) 세력에 대해서는 무력과 회유책을 번갈아 사용하여 국경지역에서의 안정을 꾀하였습니다. 그런데 이전까지 독자적인 세력을 갖지 못하고 부족끼리 흩어져 지내던 여진세력이 12세기에 들어 완

더 알아봅시다

'코리아(Korea)'는 벽란도로부터! 벽란도는 개경에서 서쪽으로 30리가량 떨어진 예성강 하구변에 있던 국제무역항의 이름입니다. 고려는 송을 비롯하여 요, 금, 일본 등 주변 나라들과 초기부터 활발한 대외무역을 벌였는데, 이 벽란도가 바로 송의 무역선이 도착하는 항구였습니다. 특히 여기에는 송 이외에도 일본과 아라비아의 대식국(大食國) 등 다양한 교역대상이 드나들었는데, 이곳에 출입하던 각국의 상인들이 세계로 퍼져나가면서 고려(코리아)라는 이름을 퍼뜨린 것으로 유명합니다.

옌부(完顏部)를 중심으로 세력을 확장하며 성장하였고, 마침내 고려의 동북쪽 국경 지대를 침략하는 지경에 이르렀습니다. 고려는 이에 윤관(尹瓘)의 건의로 별무반*을 편성하고 여진을 정벌한 후 동북쪽 국경 밖에 9개의 성을 쌓아 고려의 영토로 만들었습니다. 그러나 이미 세력을 크게 키운 여진은 1109년 9성의 반환을 요구하여 돌려받고, 이후 금(金)을 건국하여 황제를 칭하고 고려에 형제관계를 요구하게 되었습니다. 고려 조정은 본래 하위세력으로 여기던 금의 요구를 들어주지 않았으나, 마침내 금이 요를 멸망시키고 사대관계를 요구하자 이를 받아들이게 되었습니다. 금은 요를 멸망시키고 곧 송에 대해서도 공격을 개시하여 송을 남쪽 지역으로 몰아내는 등 대륙의 실질적인 패자로 등장하였고, 이후 고려의 외교는 금과의 관계를 중심으로 제한되는 양상이 나타나게 되었습니다.

별무반(別武班)이란?*

별무반은 고려 숙종 때 윤관이 여진 정벌을 위해 만든 군대입니다. 여진족과의 충돌에서 보병 부대 중심의 고려군이 기병 중심인 여진에게 여러 차례 패배하자, 윤관의 건의에 따라 기병 부대인 신기군, 보병 부대인 신보군, 승병 부대인 항마군으로 편성하여 만들었습니다.

📶 **시청해 봅시다**

고려시대에 실시된 제도 유행했던 문화들은 현재의 한국 사회에 남아 있거나 영향을 끼치고 있는 것들이 있을까요? 아니면 매우 다른 특성을 가진 사회라고 말할 수 있을까요? 수업의 내용을 되짚으면서 생각해 보도록 합시다.

• 드라마 〈태조 왕건〉, KBS(2000-2002)

고려 후기의 정치변동과 대몽항쟁

이런 것들을 배워 봅시다

고려 중기 중앙집권체제가 정비되면서 이를 운영하는 문벌귀족들이 큰 권력을 가지게 되었습니다. 이들이 고위관직을 독점하며 각종 특권을 누리게 되자 이를 둘러싼 정치적 갈등과 폐단이 생겨났습니다. 특히 왕과 혼인관계를 맺은 외척가문의 성장은 사회적 혼란을 더욱 가중시켰습니다. 이런 상황은 이후 이자겸의 난, 묘청의 난과 같은 사건으로 이어졌으며, 문벌귀족의 지배에 대한 불만이 커지게 되었습니다. 결국 무신들이 권력을 잡게 되는 무신의 난이 일어나면서 문벌귀족은 몰락하였습니다. 한편 동 시기 중국에서는 몽골세력이 무섭게 성장하여 새로운 강자로 등장하면서 고려를 압박하였고, 무신정권은 강화도로 천도하여 항거하였습니다. 그러나 결국 몽골이 세운 원나라에 투항하면서 100년에 걸쳐 이어진 무신정권은 몰락하였고, 이후 고려는 새로운 동아시아 질서 안에서 생존을 도모해야 하는 상황을 맞이했습니다.

- 고려 중기 이후의 정치적 변동과 그 이유를 살펴봅시다.
- 동아시아 지역의 변동과 그것이 고려에 끼친 영향에 대해 알아봅시다.

찾아가 봅시다

▼ 대몽골전쟁 유적지

· 강화산성(인천시 강화군)

· 고려천도공원(인천시 강화군)

· 강화역사박물관(인천시 강화군)

· 항파두리 항몽유적지(제주도 제주시)

▼ 고려청자 전시

· 국립중앙박물관(서울시 용산구)

▼ 팔만대장경

· 해인사(경상남도 합천군)

▼ 금속활자

· 고인쇄박물관(충청북도 청주시)

▌ 문벌귀족, 고려의 지배자로 활약하다 ▌

성종 이후 중앙집권적인 체제가 정비되자 이제 새로운 세력이 지배층으로 대두하게 되었습니다. 이들은 주로 지방 호족 출신 관료와 신라 6두품 계통 출신의 유학자들이 다수였으며, 여러 세대에 걸쳐 과거제와 음서제를 통해 고위관직자를 배출한 가문들이 중심을 이루었습니다. 이들은 주요 관직을 독점하며 정국을 주도하였고, 세습이 허용되는 공음전을 받아 안정된 경제기반을 확 보하였으며, 노

더 알아봅시다

귀족문화가 번성하면서 고려청자와 공예가 발달하다 문벌귀족 사회가 안정되면서 정교하고 세련된 자기, 금속 공예, 나전 칠기 등의 귀족 문화가 번성하게 되었습니다. 그중에서도 청자는 고려 초기 송의 화남 절강성 월주요(華南浙江省越州窯)의 영향으로 생겨나기 시작해 약 300년 정도 지속되며 고려를 대표하는 문화유산이 되었습니다. 특히 자기를 완전히 건조시키기 전에 무늬를 음각하여 그 자리에 흙을 메우고 구워낸 후 다시 청자유를 발라 굽는 상감 기법을 이용해 만든 상감청자는 고도의 고려 공예기술을 보여주

▲ 청자 상감
모란당초문
표형 주자
ⓒ국립중앙박물관

▲ 청자 상감
구름 학 무늬 매병
ⓒ국립중앙박물관

는 대표적인 문화 산물로, 고려를 대표하는 교역물품이 되어 남송 등으로 역수출되는 등 동아시아 일대에서 대량으로 유통, 소비되었습니다.

1196
최씨정변으로
최충헌 집권

1231
몽골군의
고려 침입

1232
강화천도

1270
무신정권
몰락과
개경환도,
삼별초의 난

비와 토지를 다양한 방법으로 확대해 나갔습니다. 이들은 기본적으로 왕권의 견제와 균형을 이루며 정국의 안정을 도모하였지만, 시간이 지나면서 보수화되고 자기 세력의 확대를 꾀하면서 왕권을 제약하고 권력을 독점하는 방향으로 발전하게 되었습니다. 특히 경원 이씨, 파평 윤씨, 경주 김씨 등 몇몇 가문들이 정치를 주도하였고, 권력을 이용해서 많은 토지를 차지하였으며, 이러한 지위와 권력, 재산을 제도적으로 세습하면서 문벌귀족이라는 집단을 형성하였습니다.

▌ 이자겸의 난이 일어나다 ▌

문벌귀족의 보수화와 특권의 독점으로 인해 권력의 중심이 이들로 옮겨가면서 문벌귀족 간의 혼인관계를 통한 권력의 장악 또한 심화되었습니다. 특히 왕실과의 혼인을 통해 외척 세력으로 지위를 강화해 갔던 그들은, 이후 왕권보다도 강한 권력을 행사할 정도로 성장하였습니다. 특히 경원 이씨 세력은 왕실과 중첩된 혼인관계를 맺고 유력한 외척가문으로 성장하였고, 그중 인종의 외조부였던 이자겸(李資謙)은 다시 두 딸을 인종의 비로 들이면서 매우 큰 세력을 형성하였습니다. 이자겸의 권력 독점을 반대하던 국왕의 측근 세력들은 국왕을 중심으로 결집하여 이자겸을 공격하였고, 이에 이자겸은 반대파를 제거하는 과정에서 척준경과 함께 난을 일으켰습니다

(이자겸의 난, 1126). 그러나 척준경이 이자겸을 몰아내고 척준경도 탄핵되면서 이자겸 세력은 몰락하였지만, 이 과정에서 궁궐이 불타고 왕이 피신하는 등 국왕의 권위가 크게 실추되었습니다.

▎묘청이 난을 일으키다 ▎

인종은 지나치게 권력이 커진 기존의 문벌귀족 세력을 견제하고 민심을 수습하기 위해 서경에 기반을 둔 세력인 문관 정지상(鄭知常)과 승려 묘청(妙淸) 등을 등용하여 개혁을 추진하였습니다. 묘청 등은 황제의 나라를 칭하고 금나라를 정벌하자는 주장을 펼치고, 이를 위해서 풍수지리적으로 기운이 좋은 서경으로 천도할 것을 건의하였습니다. 이에 인종은 서경에 대화궁(大華宮)을 짓고 천도를 준비하였으나, 이에 반대하던 기존 문벌귀족들의 반대로 결국 서경 천도는 이루어지지 않았습니다. 그러자 묘청 등은 1135년 서경에 대위국(大爲國)을 세워 반란을 일으켜서 서북 지방의 대부분을 점령하였지만 결국 김부식(金富軾)의 관군에 의해 진압되었고, 정지상, 묘청 등의 서경 세력은 모두 사망하게 되었습니다. 이 난으로 인해 김

더 알아봅시다

김부식이 《삼국사기》를 저술하다 《삼국사기(三國史記)》는 한국의 역사를 기록한 가장 오래되고 대표적인 역사서로, 인종의 명령을 받고 1145년 김부식이 책임을 맡아서 삼국시대와 통일신라, 후삼국시대까지의 역사를 서술하였습니다. 기전체의 역사서로 본기 28권(신라 12, 고구려 10, 백제 6), 연표 3권, 지 9권, 열전 10권, 총 50권 9책으로 구성되어 있습니다.

▲ 삼국사기 ⓒ국립중앙박물관

부식을 위시한 중앙의 문벌귀족들은 더욱 큰 권력을 가지게 되었고, 소위 '숭문천무(崇文賤武)'의 분위기가 강화되었습니다.

무신의 난이 일어나다

묘청의 난 이후 서경 세력이 몰락하자, 개경과 동경(경주)을 중심으로 하는 문벌귀족을 견제할 만한 세력이 완전히 사라지고 왕도 이들을 견제하기 어려운 상황이 되었습니다. 특히 몇몇 고위관직을 중심으로 하는 문신(文臣) 세력이 지나치게 많은 권력을 누리면서 승진이나 급여 등에서 차별을 받게 된 무신(武臣) 세력들은 정치적으로 큰 불만을 갖는 상황이었습니다. 그래서 문신들의 노골적인 무시를 참지 못한 정중부, 이의방 등이 반란을 일으켰고, 이 와중에 많은 문신들이 사망하고 왕이 교체되었습니다. 이를 무신의 난(1170)

더 알아봅시다

고려시대의 국가종교 불교의 융성과 분열　고려시대의 불교는 왕실로부터 귀족, 서민에 이르기까지 사회나 생활풍습은 물론 문화적으로 큰 영향을 끼친 국가종교의 위상을 가지고 있었습니다. 처음부터 태조 왕건이 불교를 중시하여 많은 사찰을 세우고 연등회와 같은 국가적 불교행사를 강조하였고, 신망이 높은 승려는 국사(國師) 혹은 왕사(王師)로 초빙되어 높은 대접을 받았으며, 사찰에는 토지와 노비가 지급되고 승려에게는 역(役)을 면제해 주었습니다. 이 시기 불교는 교종(敎宗)과 선종(禪宗)의 두 흐름이 신라 말기부터 이어지면서 대립하였는데, 고려의 지배체제가 안정되고 문벌귀족이 권력을 쥐게 되자 왕실과 귀족의 지원을 받고 세력을 키운 교종이 다시 화엄종, 법상종 등으로 내부에서 분열하는 양상이 나타났습니다. 이러한 종파 간 갈등양상에 대해 의천(義天)이나 지눌(知訥) 등이 교단의 통합과 사상의 일치 등을 주장함에도 불구하고, 당시의 지배층과 밀접하게 연결되고 경쟁적으로 외형적 발전에 치중하는 경향이 더욱 심해지면서 사찰이 다수의 노비와 넓은 토지를 차지하고 고리대업에 종사하는 등 많은 폐단을 낳게 되었습니다. 고려 후기 불교의 이러한 모습은 이후 신진사대부 세력의 큰 비판을 받게 됩니다.

이라고 부릅니다. 그러나 이내 난을 일으켜 권력을 잡은 무신들 내부에서 권력다툼이 생겨났고, 이로 인해 지도자가 자주 교체되는 양상이 전개되었습니다.

최씨 가문이 무신정권을 안정시키다

무신들의 권력다툼으로 혼란하던 양상은 최충헌(崔忠獻)이 집권하면서 안정되었습니다. 최고 권력기구로 교정도감을 설치하고, 자신이 가지고 있던 사병(私兵) 기관인 도방을 확대하여 군사적 지배기반을 마련하였으며, 치안기구인 삼별초를 두어 민생을 안정시켰습니다. 최충헌의 아들 최우는 정방(政房)을 두고 조정의 인사권을 장악하였으며 무신의 난 이후 중앙무대에서 축출되었던 문신을 다시 등용하여 정치적 안정을 도모하였습니다. 그러나 최씨 가문의 지배가 길어지면서 점차 독재적인 경향이 나타났고 민심이 동요하게 되었습니다.

각종 민란이 일어나다

무신의 난 이후 문벌귀족이 축출되었으나 그 자리를 무신들이 차지하면서 사회적 혼란이 가중되고 신분제가 흔들리기 시작했습니다. 무신정권의 이의민과 같은 경우는 노비 출신이 최고 권력자의 자리에 오른 인물이기도 했고, 정변기에 기회를 잡아 극적인 신분상승을 이룬 이들도 등장했습니다. 특히 무신들이 권력을 잡고서 토지의 불법적인 점탈과 노비의 확대를 꾀하였고, 기본적으로 호족 연합적 성격을 지닌 고려에서 중앙정부가 혼란스러워지자 지방의 백성 수탈도 증가하게 되었습니다. 이렇게 되자 농민과 천민들은 여기에 항의하며 각종 민란과 봉기를 일으켰습니다. 공주에서는 망이와 망소

이의 난, 경상도에서는 김사미의 난, 개경에서는 만적의 난 등이 연이어 발생하였고, 대부분 무력에 의해 진압되었지만 신분제의 타파, 왕조질서에 대한 반대 등 다양한 정치적 요구를 하였습니다.

편되었습니다. 특히 대몽골 전쟁에서 크게 활약하였으나 무신정권이 무너지고 몽골과 강화가 성립되자 이에 반대하여 고려정부와 몽골에 마지막까지 대항하기도 하였습니다.

▌ 몽골이 침입해 들어오다 ▌

몽골 세력은 13세기에 들어서 칭기즈 칸이 흩어져 있던 부족들을 통일하고 강대한 세력을 구축하여 금나라를 멸망시키고, 거란의 잔존세력을 소탕하는 과정에서 고려와 연합하여 군사작전을 벌이기도 하였습니다. 그러나 몽골이 거란소탕을 명분으로 고려에 과도한 공물을 요구하기 시작했고 두 나라 사이에 갈등이 발생하자, 1231년 살리타이(撒禮塔)를 선봉장으로 한 몽골군이 고려를 침략하였습니다. 군사적으로 열세였던 고려는 당시 무신정권의 집권자였던 최우의 주도하에 강화도로 수도를 옮기고 장기전 태세를 갖추었

더 알아봅시다

금속활자 발명 금속활자는 금속성이 있는 재료를 녹여 주형(鑄型)에 부어서 만든 활자이며, 이를 이용해 책판을 제작하고 서책을 만드는 방식을 활자인쇄술이라고 합니다. 활자인쇄술은 한 벌의 활자를 만들기만 하면 오랫동안 간직하면서 필요한 서적을 수시로 찍어낼 수 있기 때문에, 인쇄 비용이 많이 들고 일하는 시간도 오래 걸리는 목판인쇄술에 비해 진일보한 기술이었습니다. 이와 같은 금속활자 인쇄술을 세계에서 처음으로 만들어 활용했던 것이 바로 고려 왕조입니다. 빠르게는 12세기, 늦어도 13세기 초까지는 이미 금속활자 인쇄술을 발명하고 이를 실용화했던 것으로 확인이 됩니다. 공식적으로 현존하는 세계에서 가장 오래된 금속활자본이 바로 고려의 금속활자 인쇄술을 이용하여 1372년부터 1377년까지 제작된 직지심체요절(直指心體要節)입니다. 이것은 인류에게 가장 큰 영향을 끼친 사건 가운데 하나로 일컬어지는 요하네스 구텐베르크의 금속활자본 42행 성경간행(1455)보다 78년 앞선 것입니다.

▲ **고려 금속활자**
ⓒ국립중앙박물관

호국의 바람을 담아 팔만대장경을 제작하다 고려는 불교를 숭상하는 국가로, 외부의 침략이 있을 때 부처의 힘을 빌리면 이를 물리칠 수 있다고 하는 호국불교(護國佛敎) 사상을 가지고 있었습니다. 고려가 몽골의 침입을 당하자 1236년 강화도에서 대대적인 조판사업이 시작되었고, 이후 16년에 걸쳐 81,137매의 대장경을 완성하였습니다. 이것은 송과 거란 등의 다양한 대장경들과 여러 서적들을 참고하여 만든 것으로 이 시기 동아시아의 활발한 불교 교류와 고려 불교 문화의 높은 수준을 잘 보여줍니다. 기술적으로 당시 고려의 뛰어난 목판인쇄 기술을 확인할 수 있는 자료입니다. 판각 이후 강화도에 보관되었다가 조선 초에 경상남도 합천 해인사로 옮겨졌습니다. 2007년에 세계기록유산으로 등재되었습니다.

◀ 팔만대장경 목판본
ⓒ국립중앙박물관

◀ 합천 해인사 팔만대장경

습니다. 이에 몽골은 다시 군사를 일으켜 연이어 침입하였고, 고려의 거의 전 영토를 점령하였습니다. 고려 조정은 강화도에서 28년을 버티며 항전하였으나 이를 주도하던 최씨 정권이 무너지면서 구심점을 잃었고, 무신정권 내부에 분열이 생긴 틈을 타 조정이 쿠빌라이 칸과 강화를 맺으면서 전쟁이 종식되었습니다.

무신정권이 몰락하고 삼별초가 항전을 지속하다

고려는 몽골과 일단 강화를 맺기는 했으나 고려 조정 내부에서는 여전히 의견이 갈리면서 이후 개경으로 환도하기까지 10년이 걸렸습니다. 1270년 원나라의 지원을 받은 원종(元宗)이 무신정권의 마지막 집권자 임유무(林惟茂)를 제거하면서 무신정권은 100년 만에 막을 내리고, 고려 조정은 개경으로 환도하였습니다. 삼별초의 배중손(裵仲孫) 등을 중심으로 무신세력은 개경환도를 거부하고 강화도와 제주도에서 항전을 지속하였으나, 1273년 여몽연합군에 의해 진압되었습니다. 오랜 기간 조정은 강화도에 칩거해 있었고, 몽골의 9차례에 걸친 침입으로 국토는 황폐화되었지만, 복속을 거부하는 많은 민중의 지지 속에서 몽골에 대한 장기항전이 가능할 수 있었던 것입니다.

 시청해 봅시다

무인의 난은 왜 일어났을까요? 관련 영상을 감상해 보고 생각해 봅시다.

• 드라마 〈무인시대〉, KBS(2003-2004)

고려의 쇠락과
공민왕

이런 것들을 배워 봅시다

13세기 고려는 몽골의 침략을 받아 오랜 전쟁 끝에 몽골과 강화를 맺게 됩니다. 몽골에서 원으로 국호를 바꾼 후 본격적으로 시작된 내정 간섭으로 고려는 많은 어려움을 겪었습니다. 14세기 중반 쇠약해진 원의 정세를 파악한 공민왕은 반원 정책을 실시하여 친원 권문세족을 억압하고, 신진사대부를 등용하여 개혁 추진 세력으로 삼았습니다. 공민왕의 죽음으로 개혁은 실패로 끝나고 말았으나, 신진사대부들이 성장하는 계기가 되었습니다. 이후 정도전을 필두로 한 급진개혁파 신진사대부들은 이성계를 국왕으로 추대하여 새 왕조 조선을 건국하였습니다.

• 고려 말 각각 온건파, 급진파 신진사대부를 대표하는 정몽주와 정도전의 개혁 사상을 살펴보고, 두 사람의 우정과 대립의 양상을 생각해 봅시다.

찾아가 봅시다

▼ 고려시대 후기 유적

• 국립중앙박물관
  중·근세관(서울시 용산구)

• 강화역사박물관
  (인천시 강화군)

숙위(宿衛)란?

숙위는 황제를 호위하는 주변 여러 나라의 왕자들을 일컫는 말입니다.

▌ 원의 내정 간섭이 심해지다 ▌

1259년 고려는 몽골과 오랜 전쟁 끝에 강화를 맺었습니다. 머지않아 칭기즈 칸의 손자 쿠빌라이 칸은 국호를 원(元)으로 바꾸고 공식적으로 원 제국의 성립을 선포했습니다. 고려는 국가 체제를 유지할 수 있었으나, 원의 간섭을 피할 수는 없었습니다. 고려의 왕은 원의 공주와 혼인하였고, 고려는 원의 부마국이 되었습니다. 이에 따라 왕실의 호칭은 물론 관제의 격도 낮아졌습니다. 고려 왕의 즉위는 원의 승인을 받아야 했고, 왕자는 원 황제의 숙위로서 원에 일정 기간 동안 머물렀습니다.

원은 고려의 북쪽 영토를 빼앗아 화주에 쌍성총관부, 서경에 동녕부를 두었고, 제주에는 탐라총관부를 설치하여 이 지역을 직접 통치하였습니다. 또한 원은 다루가치(達魯花赤)라는 관리를 파견하여 고려의 내정에 간섭하였고, 금과 은, 베, 인삼, 매 등의 특산물은 물론 고려의 처녀까지도 공물로 요구하였습니다.

한편 원은 일본 침략을 앞두고 전쟁에 필요한 병사와 물자 제공을 고려에 강요하였습니다. 그러나 두 차례에 걸친 일본 원정은 실패로 끝이 났고 고려는 큰 손실을 입었습니다. 아울러 원은 일본 원정을 위해 설치하였던 정동행성을 그대로 두어 고려의 내정을 간섭하는 기구로 삼았습니다.

고려가 원의 간섭을 받게 되면서 친원적 성향이 강한 권문세족이 새로운 지배층으로 등장하였습니다. 이들은 주로 음서를 통해

고위 관직을 독점하였고, 도평의사사를 장악하여 국정을 좌우하였습니다. 또 넓은 토지와 수많은 노비를 소유하여 막대한 부를 축적하였습니다.

    그러나 고려가 원의 간섭을 받는 동안 양국 사이 교류가 활발해지면서 다양한 인적·물적 교류가 이루어지기도 하였습니다. 고려에는 몽골풍(蒙古風)이라고 불리는 몽골의 옷과 머리모양이 유행하였고, 반대로 원의 지배층 사이에서 고려의 풍속이 유행하여 고려양(高麗樣)이라는 말이 생겨나기도 하였습니다.

도평의사사 (都評議使司)란?

도평의사사란 고려 후기 각종 국사를 처리한 최고 행정기구로 조선 건국 초까지 그대로 이어졌습니다.

더 알아봅시다

족두리와 연지 전통 결혼식에서 신부가 머리에 쓰는 족두리는 몽골 여인의 외출용 모자로, 몽골의 황태후가 고려에 시집간 공주에게 선물한 것에서 유래하였습니다. 또 신부의 뺨에 연지를 찍는 풍습도 몽골에서 유래하였습니다.

◀ **족두리**
ⓒ국립중앙박물관

▌ 공민왕, 반원 정책을 실시하다 ▌

원에서 10여 년 동안 숙위로 머물렀던 공민왕(恭愍王)은 원의 노국
대장공주를 아내로 맞아 고려로 돌아와 제31대 왕으로 즉위하였습
니다. 이 무렵 원은 과도한 세금과 기근으로 피폐해진 백성들이 각
지에서 반란을 일으키면서 점차 쇠약해지고 있었습니다. 원에 파견
되었던 사신이 고려에 돌아와 원의 반란 사정과 파병 문제를 전하
였고, 공민왕은 원나라의 원군 요청에 응하여 군사를 파견하였습니
다. 공민왕은 짧은 기간의 참전을 통해 쇠약해진 원의 정세를 파악
하였고, 이 기회를 틈타 100년 가까이 지속된 원의 지배로부터 벗
어나기 위해 반원 정책을 적극적으로 추진하였습니다.

우선 원의 기황후를 배경으로 위세를 떨치던 기철(奇轍) 일파를
비롯한 친원 세력을 숙청하였고, 고려에 설치되었던 원의 내정간
섭 기관인 정동행성을 폐지하였습니다. 그리고 쌍성총관부를 공격
하여 원의 직할령이었던 철령 이북의 영토를 회복하였습니다. 또한
원의 연호 사용을 중지하고 원의 압력으로 변경되었던 관제도 원래
대로 회복하였으며 몽골식 변발과 호복 등 몽골 풍속도 금지하였습
니다.

원의 영향권에서 벗어나려는 공민왕의 반원 개혁 정치는 친원
권문세족을 억압하고 왕권을 강화하기 위한 정책으로 이어졌습니

더 알아봅시다

기황후 기황후(奇皇后)는 원에 공녀(貢女)로 끌려가 궁녀가 된 뒤
원 혜종(惠宗, 順帝)의 총애를 받아 훗날 황후에까지 등극하였습니
다. 친정인 기씨 일족은 기황후의 후원을 받아 막강한 권세를 누
렸습니다. 기씨 일족은 공민왕의 반원 정책에 따라 공민왕과
크게 대립하였습니다.

공민왕과 노국대장공주 공민왕이 반원 정책을 추진하는 데 있어 노국대장공주는 큰 힘이 되었습니다. 친원 세력이 원 황실을 등에 업고 난을 일으켰을 때, 노국대장공주가 온 몸으로 맞서 공민왕을 지켰습니다. 노국대장공주는 후사를 얻기 위해 갖은 노력을 하였고 어렵게 임신을 하였지만 난산으로 세상을 떠나고 말았습니다. 비탄에 잠긴 공민왕은 그를 잊지 못해 왕비의 초상화를 벽에 걸어놓고 밤낮으로 울기만 한 적도 있었습니다. 다정하게 마주보듯 앉아 있는 그림을 통해 국경을 넘어선 두 사람의 애틋한 사랑을 짐작할 수 있습니다.

다. 승려 신돈(辛旽)을 등용하여 전민변정도감(田民辨整都監)을 설치하고 권문세족이 불법으로 빼앗은 토지를 본래의 소유자에게 돌려주었으며, 억울하게 노비가 된 사람들을 해방시켰습니다. 그리고 과거제를 정비하여 신진사대부를 적극 등용함으로써 개혁 추진 세력으로 삼았습니다. 그러나 권문세족의 반격, 신돈의 실각과 처형, 거듭된 홍건적과 왜구의 침입은 개혁의 걸림돌이 되었고, 공민왕의 죽음으로 개혁은 실패로 끝나고 말았습니다.

▌ 신진사대부가 등장해 사회 개혁을 주장하다 ▌

공민왕의 반원 개혁 정치는 성공을 거두지 못했지만 신진사대부들이 성장하는 계기가 되었습니다. 신진사대부는 신분상 지방 향리의 자제가 많았고, 과거에 급제하여 관리가 되었습니다. 이들은 권문세족들의 불법적인 행태를 강하게 비판하며 정치·사회적 개혁을 주장하였습니다. 또한 권문세족과 결탁하여 지배적 권력으로 군림하고 있던 불교의 사회·경제적 폐단을 비판하며, 성리학 이념을 바탕으로 불교의 이론적 측면에도 비판적인 입장을 견지하고 있었습

**과전법(科田法)
이란?**

과전법은 고려 말 권
문세족의 경제 기반을
약화시키기 위해 실시
한 토지제도로 조선
전기 토지제도의 근간
을 이루었습니다. 신
진사대부들은 권문세
족이 불법으로 점유한
토지를 몰수하여 국가
재정을 확보하고, 관리
들에게는 급료로서 토
지를 분급하였습니다.

니다. 예를 들어 불교의 승려는 출가한 후에 결혼도 하지 않고 임금
도 섬기지 않는데, 이는 삼강오륜(三綱五倫)의 질서를 파괴하는 것이
므로 사람의 도리에 맞지 않는 가르침이라고 비난하였던 것입니다.
그리고 성리학 이념을 통해 새롭게 중국을 통일한 한족 왕조인 명
(明)에 우호적인 태도를 취하였습니다.

공민왕 사후 중단되었던 신진사대부의 활동은 1388년(우왕 14)
위화도 회군으로 이성계(李成桂)가 권력을 장악하면서 재개되었습니
다. 특히 급진개혁적 성향의 신진사대부는 이성계의 군사력을 배경
으로 사전(私田)을 폐지하고 과전법을 제정하는 데 성공하여 권문
세족과 온건적 성향의 세력을 약화시켰습니다. 그런 다음 정도전(鄭
道傳), 남은(南誾) 등 급진개혁파 신진사대부들은 고려에 대한 충성을
바탕으로 제도 개선을 추진하려는 정몽주(鄭夢周) 등 온건파 세력과
반대세력을 제거하고 1392년 새 왕조 조선(朝鮮)을 건국하였습니다.

▌ 정몽주와 정도전, 개혁의 시대를 열다 ▌

정몽주와 정도전은 각각 고려 말의 온건파, 급진파 신진사대부를
대표하는 인물입니다. 두 사람 모두 성균관(成均館)에서 공부하였고
이색(李穡)을 스승으로 모셨으며 공민왕의 반원 정책에 적극 협조한
친명파 세력이었습니다. 또한 이들은 공민왕 사후 친원파를 견제하
기 위해 우왕에게 상소문을 올렸고, 이 것 때문에 유배를 떠났다가
돌아와서는 이성계와 인연을 맺었습니다.

먼저 유배지에서 돌아온 정몽주는 이성계의 문관 참모로 공을
세웠고, 정도전 역시 8년 만에 유배에서 풀려난 후 이성계의 핵심
참모가 되어 고려를 개조하기 위해 노력하였습니다. 특히 위화도
회군 이후 중앙 정계에서 친원파 세력이 완전히 몰락하자 정몽주와
정도전이 이끄는 신진사대부의 활동은 본격화되었습니다. 그러나

이 무렵부터 두 사람은 개혁의 방식과 과정을 두고 대립하기 시작하였습니다. 정몽주가 고려 왕조의 틀 내에서 점진적 개혁을 주장한 반면, 정도전은 새 왕조 개창을 통한 철저한 개혁을 주장하였던 것입니다.

　정몽주는 이성계를 새 왕으로 추대하려는 급진파 신진사대부의 움직임을 눈치채고 이들을 제거하려고 하였으나 이방원(李芳遠)의 활약으로 실패로 돌아갔습니다. 이방원은 정몽주를 제거하지 않으면 이성계와 정도전 모두가 죽게 될 것이고, 결국에는 새로운 왕조를 열기 어렵다고 생각했던 것입니다. 이방원은 정몽주의 마음을 돌리기 위해 마지막으로 새 왕조에 참여할 것을 권하는 시 한 수를 읊었고, 이에 정몽주는 죽어서도 고려를 배신하지 않겠다는 굳은 의지를 담은 답시를 통해 그의 뜻을 전하였습니다. 곧 이방원의 하여가와 정몽주의 단심가가 그것입니다. 정몽주를 설득할 수 없다고 생각한 이방원은 자객을 보내 선죽교에서 정몽주를 살해하였습니다.

선죽교　정몽주는 이방원이 보낸 자객에 의해 선죽교에서 살해되었습니다. 원래 이 다리는 선지교(善地橋)라고 불렀는데, 정몽주가 피살되자 참대가 솟아나왔다고 하여 이름을 선죽교(善竹橋)로 고쳐 불렀다는 일화가 전합니다.

▲ 경기 개성 선죽교 ⓒ국립중앙박물관　　▲ 정몽주 초상 ⓒ국립중앙박물관

하여가와 단심가

하여가(何如歌)
이런들 어떠하리 저런들 어떠하리
만수산 드렁칡이 얽어진들 어떠하리
우리도 이같이 얽어져 백 년까지 누리리라

단심가(丹心歌)
이 몸이 죽고 죽어 일백 번 고쳐 죽어
백골이 진토되어 넋이라도 있고 없고
임 향한 일편단심이야 가실 줄이 있으랴

정도전은 정몽주와 반대세력이 제거되자 이성계를 새로운 왕으로 추대하여 조선 왕조를 개창하였습니다. 개국 직후 이성계를 도와 새 왕조의 국가이념과 통치체제를 정비하였고, 명나라에 가서 조선 건국의 당위성을 알리기도 하였습니다. 정도전은 이성계의 신임을 바탕으로 과감한 개혁 조치를 펼쳤으나, 정도전 일파의 권력 확대에 불만을 가졌던 이방원의 기습으로 살해되고 말았습니다.

> **시청해 봅시다**
>
> 고려 말 공민왕의 반원 개혁정치가 실패한 이유는 무엇이었을까요? 관련 영상을 감상해 보고 생각해 봅시다.
>
> - 드라마 〈신돈〉, MBC(2005-2006)
> - 드라마 〈신의〉, SBS(2012)
> - 드라마 〈대풍수〉, SBS(2012-2013)
> - 드라마 〈정도전〉, KBS(2014)
> - 드라마 〈육룡이 나르샤〉, SBS(2015-2016)

조선,
새로운 왕조의 시작

이런 것들을 배워 봅시다

1392년 새 왕조 조선이 건국되었습니다. 태조 이성계는 왕조 건립 직후 유교적 통치 이념을 구현하기 위한 제도 정비 작업을 신속하게 추진하게 됩니다. 새 수도 한양 건설의 총책임자 정도전은 성문의 명칭 하나하나에도 유교적 이념과 사상을 담았습니다. 한편 정도전은 재상 중심 국가를 지향하였고, 여기에 불만을 가진 이방원과 대립하였습니다. 두 차례의 왕자의 난을 통해 정도전 세력을 제거하고 왕위에 오른 태종 이방원은 신권의 약화를 꾀하고 왕권의 강화를 통해 조선 초 혼란한 정국을 안정시켰습니다.

- 조선의 계획도시인 한양의 도성 조영 원칙을 살펴봅시다.
- 종묘와 사직단, 성곽길을 방문하여 중국, 일본 등의 도성과 비교해 봅시다.

찾아가 봅시다

▼ 조선시대 전기 유적

- 국립중앙박물관 중·근세관
  (서울시 용산구)
- 공평도시유적전시관(서울시 종로구)
- 국립고궁박물관(서울시 종로구)
- 경복궁, 창덕궁(서울시 종로구)

- 종묘, 사직단, 성균관(서울시 종로구)
- 서울 한양도성[사적 제10호]
- 경기전(전라북도 전주시)
- 어진박물관(전라북도 전주시)

1392
조선 건국

1394
한양으로 수도
이전

1398
제1차 왕자의 난

1400
제2차 왕자의 난,
태종 즉위

▌ 무장 이성계, 조선을 건국하다 ▌

이성계(李成桂)는 1335년 함경도 영흥에서 태어났습니다. 아버지 이자춘(李子春)은 원의 직할령이었던 함경도 쌍성총관부에 근무하는 무인으로, 공민왕이 반원 정책을 추진하며 쌍성총관부를 공격할 때 내부에서 호응해 일약 이름을 날렸습니다. 이성계는 1361년 사망한 아버지의 뒤를 이어 함흥을 거점으로 세력을 구축해 나갔습니다. 특히 이성계는 왜구 정벌로 명성을 얻으며, 최영(崔瑩) 장군과 쌍벽을 이룰 정도로 성장하였습니다.

중국 대륙에서는 원이 무너지고 명이 건국되었습니다. 고려는 표면적으로 친명외교를 표방하면서도 북원과의 외교관계를 끊지 않았습니다. 그러자 명은 원의 직할령이었던 철령 이북의 땅을 명의 직할령으로 할 것을 통보해왔고, 이에 최영은 요동 정벌을 계획하고 원정을 명하였습니다. 원정군의 지도자는 이성계였습니다. 그러나 처음부터 요동 정벌을 반대하였던 이성계는 위화도에서 군사를 돌려 최영 무리를 격파하고 우왕을 폐위시켰습니다. 이를 위화도 회군이라고 부릅니다.

최대의 라이벌이었던 최영을 제거하고 국정의 실권을 장악한 이성계는 정도전(鄭道傳), 조준(趙浚) 등 개혁 성향의 신진사대부들의 지지를 바탕으로 과감한 토지개혁을 단행하여 기존 권문세족의 경제적 기반을 허물었습니다. 무장 이성계는 강력한 군사력과 개혁파 신진사대부의 도움으로 정치적 기반을 확고히 다져나갈 수 있었습

1402	1404	1434	1443
혼일강리역대국도지도 제작	조선-일본 국교 체결	4군 6진 건설(*1450년까지)	계해약조 체결

니다. 많은 관료들이 이성계를 국왕으로 추대할 것을 주장하였고, 고려 왕조의 존속을 주장한 정몽주(鄭夢周) 등의 반대세력을 제거하고 1392년 새 왕조 조선(朝鮮)이 건국되었습니다.

이성계(1335-1408) 전주 이씨의 본관지인 전주 경기전(慶基殿)에는 태조 이성계의 어진(御眞, 왕의 초상화)이 있습니다. 고려의 무신이었던 이성계는 고려의 마지막 왕인 공양왕으로부터 왕위를 받아 즉위하였습니다.

▶ 조선 태조 어진
ⓒ어진박물관

▌ 한양에 새 수도를 열다 ▐

새 왕조가 건립된 후 태조(재위, 1392-1398)는 나라의 기틀을 세우기 위한 제도 정비 작업을 신속하게 추진하였습니다. 즉위 직후 명을 비롯한 이웃 국가들에 자신의 즉위 사실을 알렸고, 국호를 조선으로 정하였습니다. 새 나라의 이름을 조선으로 한 것은 고조선을 계승한다는 의미로 일찍부터 유교적 가르침을 실천한 역사를 내세우기 위해서였습니다.

또한 1394년에는 수도를 개경에서 한양(漢陽)으로 옮겼습니다. 한양은 지리적으로 한반도의 중앙에 위치하며 남쪽에는 한강이 있어 수륙 교통이 매우 원활할 뿐만 아니라 주변은 산들로 둘러싸여 군사적 방위에도 이점을 가지고 있었습니다. 태조는 유교적 통치

더 알아봅시다

도성도 한양 도성은 풍수지리와 지세를 이용하여 둥글게 만들었습니다. 궁궐의 동쪽에는 왕실 조상들에게 제사하는 종묘를, 서쪽에는 땅과 곡식의 신에게 제사를 지내는 사직단을 각각 배치하여 좌묘우사(左廟右社)의 도성 조영 원칙을 따랐습니다. 도성도(都城圖)는 조선의 수도 한양의 지형을 그린 회화식 지도를 말합니다. 조선 초기에 도성도의 제작이 시작되었을 것으로 추정되나, 현재 남아 있는 도성도는 18세기 중엽 이후에 제작된 것들로 확인됩니다.

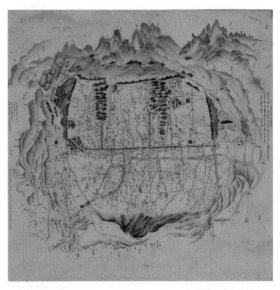

▲ 도성도 ⓒ국립중앙박물관

이념을 구현하기 위한 수도 건설을 계획하고 정도전을 총책임자로 정하였습니다. 정도전은 궁궐의 위치를 정한 다음 새 도읍의 설계와 공사를 직접 지휘하였습니다.

　　중국의 수도가 전통적으로 네모난 성곽을 쌓고 중앙에 궁궐을 배치하며 이를 중심으로 바둑판 형태의 도로를 건설하는 방식이라면, 한양의 경우는 왕궁인 경복궁을 중심에 두고 동서남북으로 주변의 산이 배치되도록 설계하고 이 산들을 서로 연결하여 한양 외곽의 도성을 둥글게 건설하는 방식이었습니다. 그리고 성곽에는 사대문을 세우고, 도성의 가장 중앙에는 보신각(普信閣)을 두어 인의예지신(仁義禮智信)의 다섯 가지 덕목을 표현하였습니다. 이처럼 정도전은 성문의 명칭 하나하나에도 유교적 이념과 사상을 담았습니다. 또한 한양을 5개의 부(部)로 나누고 부 아래에는 52개의 방(坊)을 두었습니다. 이렇게 건설된 한양은 새 왕조 조선이 완전히 새로 만든 계획도시라고 할 수 있습니다.

이방원, 왕권 강화에 나서다

조선 성립 후 이성계는 세자 책봉 과정에서 신의왕후 한씨의 소생인 여섯 형제를 배제하고, 둘째 부인인 신덕왕후 강씨 소생의 막내아들 방석을 세자로 삼았습니다. 이 과정에서 소외당한 신의왕후 소생 왕자들은 불만을 가지게 되었습니다. 특히 개국에 결정적인 공을 세웠던 다섯째 아들 방원은 방석의 후견인 역할을 하며 방석을 보호하는 정도전 일파에 큰 불만을 표했습니다.

　　더욱이 정도전은 재상 중심의 국가를 지향하였습니다. 정도전은 《조선경국전(朝鮮經國典)》을 만들어 제도와 규범을 정비하였고, 최고 군 통솔기관인 의흥삼군부를 설립하여 정치·군사적으로 실권을 장악하였습니다. 또한 1398년 정도전이 요동 정벌을 명목으로 왕자와 종친 등이 거느리고 있던 사병을 해체시키려고 하자 방원은 크게 반발하였습니다.

이방원은 세자 책봉 문제에 이어 사병 문제까지 불거지자 정도전 일파의 권력 증대에 적개심을 품게 되고, 결국 거사를 결심하였습니다. 이방원은 두 차례의 왕자의 난에서 승리하여 입지를 확

왕자의 난(1398, 1400) 조선 초 왕위 계승을 둘러싸고 일어난 두 차례의 난을 말합니다. 이방원은 제1차 왕자의 난(방원의 난 또는 정도전의 난)을 통해 정도전 일파와 신덕왕후의 두 아들을 모두 제거한 후 정종(定宗)을 옹립하였습니다. 이후 정종의 후계 문제를 놓고 재차 형제간의 왕위 쟁탈전이 벌어졌습니다. 4남 방간은 박포 등과 함께 제2차 왕자의 난(박포의 난)을 일으켜 방원을 제거하려 했지만 방원의 승리로 끝났습니다. 두 차례의 왕자의 난에서 승리한 이방원은 정종의 양위로 제3대 태종(太宗)으로 즉위하였습니다.

한편, 두 차례의 왕자의 난을 겪으며 아들 이방원에게 환멸을 느낀 태조 이성계는 고향 함흥으로 돌아가 머물렀습니다. 태종은 즉위 후 태조의 마음을 돌리기 위해 함흥으로 여러 차례 차사를 보냈으나 태조가 번번이 차사를 죽이거나 가두어 돌려보내지 않았습니다. 이로부터 '함흥차사(咸興差使)'라는 말은 심부름을 간 사람이 돌아오지도 않고, 아무런 소식이 없는 것을 비유하는 말로 쓰이게 되었습니다.

고히 하였고, 정종의 뒤를 이어 제3대 태종으로 즉위하였습니다. 이 방원의 의도는 정도전을 제거해 신권(臣權)의 약화를 꾀하고 왕권의 강화를 통해 조선의 체제를 확고히 하는 데 있었습니다. 이후 태종은 공신과 왕족들이 소유한 사병을 폐지하였고, 6조 직계제를 통해 재상의 권한을 약화시켜 신권에 대한 왕권의 우위를 확립시켰습니다. 그리고 관제 개혁을 통해 고려의 잔재를 완전히 없앴고, 토지 제도와 조세 제도를 정비하여 국가의 기틀을 다져나가는 가운데 조선 초 혼란한 정국을 안정시켰습니다.

6조 직계제 (六曹直啓制)란?

6조 직계제는 행정 실무를 맡은 6조(이·호·예·병·형·공)의 판서가 왕에게 직접 대면하여 보고하도록 한 제도입니다. 재상을 비롯한 신하들의 득세를 막고 왕권 강화에 기여하였습니다.

조선 초, 대외관계와 국경을 새롭게 하다

명은 건국과 동시에 주변 국가에 사절단을 보내 조공-책봉 관계를 새롭게 구축하고자 노력하였습니다. 조공-책봉 관계란 중화 중심의 질서에 주변 국가들을 참여시키는 외교 질서를 말합니다. 그러나 명 황제와 조선 왕 사이의 군신관계는 의례적인 관계로서 명이 조선의 왕위 계승에 개입하거나 내정에 관여하는 경우는 거의 없었습

더 알아봅시다

혼일강리역대국도지도(1402) 혼일강리역대국도지도(混一疆理歷代國都之圖)는 우리나라에 현존하는 가장 오래된 세계지도입니다. 조선 초 지도제작 수준과 지도에 대한 관심은 물론, 당시 사람들의 세계관과 대외인식 등을 이해할 수 있는 중요한 자료입니다.

▶ 혼일강리역대국도지도

니다. 다만 조선에서는 새 왕이 즉위하면 명 황제의 승인을 받는 절차를 거쳤습니다.

조공-책봉 질서 속에서 조선은 정기적, 부정기적으로 사절단을 파견하여 명에 조공품을 보냈고, 명은 조공에 대한 답례로 여러 가지 물품을 제공하였으므로 이는 국가 사이의 일종의 공무역의 성격을 지니고 있었습니다. 이와 같이 조선은 명과 친선 관계를 유지하는 사대 외교를 통해 명과 경제적·문화적 교류를 하였고, 왕권의 안정과 국제적인 지위를 확보할 수 있었습니다.

더 알아봅시다

4군 6진 4군 6진(四郡六鎭)은 조선 세종 때 북방의 영토 개척을 위해 새롭게 만든 행정 구역과 군사 시설입니다. 4개의 행정구역(4군)은 최윤덕(崔潤德)을 파견하여 압록강 중류에 만들었고, 6개의 군사 시설(6진)은 김종서(金宗瑞)를 통해 두만강 중하류에 설치되었습니다. 4군 6진의 개척은 압록강과 두만강 유역을 국경선으로 삼는 중요한 계기가 되었습니다.

▼ 4군 6진

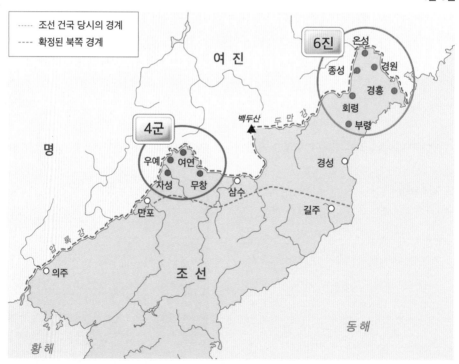

한편 북쪽의 여진족에 대해서는 회유와 토벌을 병행하는 교린 정책을 추구하였습니다. 조선에 협력하거나 귀화한 여진인들에게는 관직과 토지를 지급하고, 또 국경지역에 무역소를 설치하여 교류를 허용하였습니다. 그러나 국경을 마음대로 넘나들거나 약탈을 자행하는 경우에는 무력을 통해 토벌하였습니다. 특히 세종 대에는 압록강 지역에 4군을, 두만강 지역에 6진을 설치하여 현재의 국경선을 확정하였습니다. 그리고 군사시설을 둘 뿐만 아니라 이 지역을 개발하기 위해 주민들을 이곳으로 이주시켜 살도록 하였는데, 이를 사민(徙民) 정책이라고 부릅니다. 조선 정부는 이주를 장려하기 위해 농사지을 땅을 제공하거나 세금을 줄여주기도 하였으나 큰 성과를 거두지 못했고, 경우에 따라 주민들을 강제로 이주시키는 일도 있었습니다.

또한 조선은 일본과도 교린 정책을 원칙으로 하였습니다. 1404년 조선과 일본이 정식으로 국교를 맺었고, 상호 사절단을 파견하여 이들이 오갈 때마다 국가 차원의 공적인 무역을 하였습니다. 일본과의 교역은 동래에 설치한 왜관(倭館)을 중심으로 이루어졌습니다. 일본과의 관계에서 가장 큰 문제는 왜구(倭寇)였습니다. 조선은 고려 말부터 계속된 왜구의 정벌에 많은 노력을 기울였습니다. 1419년 이종무(李從茂)가 이끄는 조선 수군은 왜구의 근거지인 쓰시마 섬을 공격하고 일본과의 교역을 중단하였습니다. 그러나 이후 일본이 교역을 재차 요청하자 조선은 부산포, 제포, 염포의 3포를 개방하고, 쓰시마 섬의 도주와 계해약조를 맺어 제한된 범위에서 교역을 허락하였습니다.

조선은 이외에도 시암, 류큐, 자바 등의 동남아시아 여러 나라와도 교류하였습니다. 특히 류큐와는 교역이 활발하여 류큐에 유교 경전은 물론 불경과 범종 등을 전해주었습니다.

**계해약조
(癸亥約條)란?**

1443년 쓰시마 섬의 도주와 맺은 무역에 관한 조약으로 무역선의 수, 왕래하는 인원, 체류지와 연간 무역량까지 규정하였습니다. 이 조약은 조선 전기뿐만 아니라 후기까지 유지되어 조선시대 대일 외교의 근간이 되었다는 점에서 외교사적으로 의의가 큽니다.

▲ 성종실록 158권, 성종 14년 9월 23일
계축 5번째 기사. "관반으로 하여금
중국 사신에게 후추 씨를 얻도록 하다."
ⓒ국사편찬위원회

성종과 후추 후추는 일본과 류큐를 통해 조선에 수입되었던 중요한 물품이었습니다. 당시 후추는 음식의 맛을 좋게 할 뿐만 아니라 방부제 역할을 하였고, 두통 등을 치료하는 한약재로 쓰이는 등 인기가 높은 무역 상품이었습니다. 특히 성종은 후추를 구하기 위해 많은 노력을 기울인 것으로 유명합니다. 실제로 성종이 후추 씨앗을 구해 조선에서 직접 생산하여 중국에 수출하려고 했던 이야기는 《조선왕조실록》에 여러 차례 등장합니다. 그러나 성종의 노력에도 불구하고 씨앗을 구하는 일은 쉽지 않았고, 끝내 후추를 생산하지 못하였습니다.

▼ 후추

📡 시청해 봅시다

조선의 개국공신 정도전과 이방원의 대립은 두 차례의 왕자의 난을 통해 표출되었습니다. 관련 영상을 감상해 보고 왕자의 난을 왕권과 신권의 관점에서 생각해 봅시다.

• 드라마 〈용의 눈물〉,
　KBS(1996-1998)

• 드라마 〈대풍수〉, SBS(2012-2013)

• 드라마 〈정도전〉, KBS(2014)

• 드라마 〈육룡이 나르샤〉,
　SBS(2015-2016)

제7강

훈민정음 창제와
경국대전 정비

이런 것들을 배워 봅시다

세종은 조선의 가장 위대한 왕이며 조선 최고의 군주로 평가됩니다. 훈민정음 창제를 비롯하여 정치, 경제, 문화 등 모든 분야에서 뛰어난 업적을 남겼고, 새로 건국된 조선 왕조를 안정시키는 데 크게 공헌하였습니다. 세종 사후 병약한 문종을 거쳐 어린 단종이 즉위하자 왕권은 약화될 수밖에 없었습니다. 수양대군은 신권이 조정을 장악하는 것에 불만을 가졌고, 계유정난을 일으켜 왕족의 신분으로 국정의 중추를 장악하게 됩니다. 단종의 양위로 왕위에 오른 세조는 조선의 최고 법전 《경국대전》 편찬사업을 시작하였고, 30년 뒤인 성종 대에 이르러 완성되었습니다.

• 한글은 매우 과학적이고 독창적인 문자입니다. 한글은 실제 소리가 나는 모습을 본떠서 만든 표음문자로 처음에는 28자였으나 현재는 모음 10자, 자음 14자만을 사용하고 있습니다. 국립한글박물관을 방문하여 한글과 한글문화의 역사를 살펴봅시다.

찾아가 봅시다

▼ 조선시대 전기 유적
- 국립중앙박물관 중·근세관
  (서울시 용산구)
- 국립한글박물관(서울시 용산구)
- 국립고궁박물관(서울시 종로구)

- 세종대왕 영릉, 세종대왕역사문화관
  (경기도 여주시)
- 세종대왕기념관(서울시 동대문구)
- 사육신공원(서울시 동작구)

1418 세종 즉위 1420 집현전 설치 1443 훈민정음 창제 (*1446년 반포) 1445 용비어천가 완성 1452 단종 즉위

▎조선의 위대한 왕, 세종의 시대가 열리다 ▎

세종대왕(世宗大王)은 조선의 가장 위대한 왕이며 최고의 군주로 평가됩니다. 아버지 태종에 이어 왕위에 오른 세종은 강력한 왕권을 바탕으로 각종 제도를 정비하여 유교 정치의 기틀을 확립하였습니다. 특히 정치, 경제, 문화 방면에서의 뛰어난 업적에 대한 존경의 의미를 담아 세종대왕으로 일컬어지고 있습니다.

세종은 태종과 원경왕후 민씨 사이에서 셋째 왕자로 태어났습니다. 장남 양녕대군과 차남 효령대군을 제치고 셋째인 충녕대군이 왕위에 오를 수 있었던 이유는 그의 총명함과 근면함 때문이었습니다. 실제로 세종은 왕위에 있으면서 아침 일찍 일어나 정무를 시작하여 밤늦게까지 학문을 익히는 생활을 조금도 게을리하지 않았다고 기록되어 있습니다. 세종의 학식은 새로 건국된 조선 왕조를 안정시키는 데 크게 공헌하였고, 안정된 정국 속에서 훈민정음(訓民正音) 창제, 과학 기술 개발, 농업 발달, 음악 집대성 등 모든 분야에서 눈부신 업적을 쌓았습니다.

세종이 뛰어난 왕이었지만 모든 업적을 혼자서 이룩한 것은 결코 아니었습니다. 이런 점에서 1420년 궁중에 설치된 집현전은 세종의 시대를 상징하는 기구라고 할 수 있습니다. 세종은 집권 초기부터 인재를 등용하는 일에 공을 들였고, 이들을 효과적으로 육성하고 관리하기 위해 집현전을 활용하였습니다. 세종은 젊고 유능한 학자들을 집현전에 불러 모아 독서와 학문 연구에 전념하도록 하였

더 알아봅시다

집현전 원래 집현전(集賢殿)이라는 명칭은 고려 시대에도 사용되었습니다. 고려 말과 조선 초를 거치며 유명무실한 기관이었다가 1399년(정종 1)에 고려의 집현전을 본떠 집현전을 설치하였으나 다음해 폐지되었습니다. 그 후 1420년 세종의 뜻에 따라 학문 연구를 위한 기관으로서 궁궐 안에 설치되었습니다. 집현전의 학자들은 한글 창제에 크게 기여하였고, 각종 서적의 편찬사업에 적극적으로 종사하여 조선 초기 문화 발전에 공헌하였습니다. 그러나 세조가 왕위에 오르면서 폐쇄되었습니다.

《칠정산》 《칠정산(七政算)》은 문자 그대로 7개의 움직이는 별을 계산한다는 뜻을 담고 있습니다. 즉 해와 달, 5개의 행성(화성, 수성, 목성, 금성, 토성)의 운행을 파악해 일식과 월식 등을 예보하는 역법 체계입니다. 《칠정산》의 편찬은 중국의 역법을 수입해 사용하면서 발생했던 문제점을 수정·보완하여 한양을 기준으로 천체 운동을 계산할 수 있게 되었다는 점에서 독자적인 역법이라고 할 수 있습니다.

◀ **일성정시의 복원품**
ⓒ국립민속박물관

일성정시의(日星定時儀)는 해시계와 별시계의 기능을 한데 모아 고안한 것으로 낮과 밤의 시각을 측정할 수 있도록 만든 주야간 시계입니다.

◀ **측우기**

측우기(測雨器)는 강우량 분포를 측정하기 위해 만든 세계 최초의 강우량 측정기구로서 조선 세종 때 처음 만들어 전국적으로 보급하였습니다.

습니다. 집현전은 학문 연구기관으로서 세종의 정치·문화적 역량을 뒷받침한 최고의 자문기관이자 인재 양성소였습니다. 성삼문(成三問), 박팽년(朴彭年), 이개(李塏), 하위지(河緯地), 정인지(鄭麟趾), 신숙주(申叔舟), 최항(崔恒) 등 집현전을 통해 배출된 학자들은 세종 대의 찬란한 발전을 이룩하는 데 크게 기여하였습니다.

이 외에도 세종은 과학 기술 분야에도 특별히 관심을 가졌습니다. 그중에서도 천문학과 역법에 대한 관심은 조선의 근간을 이루는 농사와 관련이 있었습니다. 세종은 농사에 실질적으로 도움이 될 수 있는 여러 가지 기구를 만들도록 지원하였습니다. 장영실(蔣英實) 같은 인물은 천민 출신이었음에도 세종의 과감한 발탁으로 천체 측정기인 혼천의를 비롯해, 물시계인 자격루와 옥루, 일성정시의, 측우기 등을 만들었습니다. 또한 역법서 《칠정산》을 편찬하여 처음으로 우리나라를 기준으로 천체 운동을 정확하게 계산할 수 있게 되었습니다.

세종의 시대가 조선 역사상 가장 빛나는 시대가 될 수 있었던 것은 태종에 의해 확립된 안정적인 정치 기반과 세종 자신의 학문적 능력, 그리고 그를 보필했던 훌륭한 인재가 결합하여 이루어낸 성과였습니다.

위대한 한글, 훈민정음이 탄생하다

세종은 집현전 학자들과 함께 1443년 훈민정음을 창제하고 1446년에 반포하였습니다. 훈민정음은 말 그대로 '백성을 가르치는 바른 소리'라는 뜻으로, 오늘날 '한글'이라고 부릅니다. 말과 글이 달랐던 조선인들은 한글이 창제되기 전까지 한자를 빌려 사용하였습니다. 하지만 한자는 글자 수가 많고 일반 백성들이 배우기 어려웠기 때문에 쉽게 사용하지 못하였습니다. 이에 반해 소리를 표현하는 글자인 훈민정음은 배우기가 아주 쉬웠습니다.

훈민정음 창제 당시 문자 체계는 17개의 자음과 11개의 모음 총 28자로 이루어져 있었는데, 현재는 'ㆁ, ㆆ, ㅿ, ㆍ'가 폐기되어 24자만 쓰입니다. 자음은 발음기관의 모양을 따랐고, 모음은 천지인(天地人)을 상징하였습니다. 이처럼 한글은 한자처럼 뜻글자가 아닌 소리나는 대로 적을 수 있는 표음문자로서 28개의 글자를 조합하여 다양하게 표현할 수 있었습니다. 말과 글이 일치하게 되었고 누구라도 자신의 뜻을 쉽고 편하게 전달할 수 있게 되었습니다.

▼ **훈민정음** ⓒ문화재청

또한 훈민정음 창제 후《용비어천가》를 한글로 지어 조선 건국의 정당성을 강조하고, 농서와 각종 윤리서, 병서 등을 한글로 번역하여 백성들에게 보급하였

《용비어천가》《용비어천가(龍飛御天歌)》는 훈민정음
으로 쓰인 최초의 작품입니다. 《용비어천가》는 해동
육룡이 하늘로 올라갔다는 의미로 해동 육룡은 목조,
익조, 도조, 환조, 태조, 태종을 말합니다. 6대에 걸친
선조들의 행적을 통해 조선 왕조 건국을 찬양하고 있
는 것입니다. 또한 조선 건국의 당위성을 중국 고사에
비유해 서로 대응될 수 있도록 구성하여 중국과 대등
한 문화적 자주성을 강조한 측면도 확인할 수 있습니
다. 현재 전하는 판본은 모두 목판본입니다.

▲ 용비어천가
ⓒ국립중앙박물관

습니다. 이것은 훈민정음을 통해 모든 사람에게 국가의 정책과 유
교 윤리에 바탕을 둔 통치 이념을 쉽게 전달할 수 있을 것이라는 세
종의 정치적 바람이었습니다.

그러나 한글이 모든 사람의 환영을 받았던 것은 아니었습니다.
한글 창제 이후에도 지배층은 한자를 주로 사용하였고 한글을 의도
적으로 무시하기도 하였습니다. 그러나 배우고 쓰기 쉬운 새 글자
는 점차 많은 사람들에게 사용되었습니다. 특히 부녀자들을 중심으
로 큰 인기를 얻었습니다. 한글은 백성의 문자 생활을 편리하게 함
으로써 일반 민중의 문자로 자리잡았고, 독자적인 민족문화의 발전
에도 기여하였습니다.

한글은 문자를 언제, 누가, 왜 만들었는지 알 수 있는 매운 드
문 예입니다. 세종은 우리말을 적는 데 적합한 글자를 만든다는 민
족적·자주적 정신 위에서, 모든 사람들이 배우기 쉬운 글자를 만든
다는 민본정신을 결합하여 새로운 글자를 만들었습니다. 이 때문에
훈민정음의 창제는 세종의 많은 업적 중에서도 가장 위대한 것으로
평가됩니다.

‖ 조선의 최고 법전, 경국대전을 편찬하다 ‖

《경국대전(經國大典)》은 조선시대 유교적 통치의 기준이 된 법전입니다. 조선 건국에 중심적인 역할을 했던 사대부들은 조선의 정치이념인 유교에 따라 나라를 다스리기 위해 새로운 법전이 필요하다고 생각했습니다. 건국 초기《조선경국전》,《경제육전》,《속육전》같은 법전이 만들어졌지만, 이 법전들은 법령이 중복되거나 누락된 경우가 많아 종합적이지 못한 문제점이 있었습니다.

이에 세조(世祖)는 조선의 통치 체제를 확립하는 데 필요한 기준을 분명하게 세우기 위해 각종 법전들을 하나로 종합하여《경국대전》편찬사업을 시작하였고, 30년 뒤 성종(成宗) 대에 이르러 완성되었습니다.《경국대전》은 명실상부한 조선의 최고 법전으로 백성을 다스리는 기준이 되었고, 사회 질서를 유지하는 데 중요한 역할을 하였습니다.

《경국대전》의 편제를 보면 이, 호, 예, 병, 형 공의 6조에 필요한 규정을 6개의 전으로 나누어 다루고 있습니다. 이전(吏典)은 29개의 항목으로 관리의 임면, 중앙과 지방 관제 등 왕실과 국가 통치에 필요한 운영 규정을 다루었고, 호전(戶典)은 30항목으로 구성되었으며 토지와 조세, 상속 등 재정·경제 방면의 규정들이 수록되어 있습니다. 또한 예전(禮典) 61항목은 과거와 관리의 의장 및 외교의례 등을 수록하였고, 병전(兵典) 51항목은 군제와 군사와 관련된 규정을 수록하고 있습니다. 형전(刑典) 28항목은 각종 범죄에 대한 재판과 처벌에 관한 내용을, 공전(工典) 14항목은 도로, 교량, 건축 등 각종 시설물의 관리와 도량형 규정 등 산업 부문의 규정을 수록하고 있습니다. 이와 같이《경국대전》은 정치, 경제, 사회, 문화의 기본 규범을 모두 담고 있는 법전으로, 조선 500여 년간의 정치는 이 법전을 기준으로

▼ 경국대전
ⓒ국립중앙박물관

이루어졌다고 볼 수 있습니다.

**사육신
(死六臣)이란?**

사육신은 1456년 단종
의 복위를 꾀하다가 발
각되어 죽임을 당한 여
섯 명의 충신(성삼문, 박
팽년, 하위지, 이개, 김문
기, 유성원)을 일컫는 말
입니다.

성종, 언론기관인 삼사를 강화하다

세종 사후 병약한 문종(文宗)을 거쳐 어린 단종(端宗)이 즉위하였습니다. 문종은 황보인(皇甫仁), 김종서(金宗瑞) 등의 재상에게 단종을 부탁한다는 유언을 남겼고, 정치의 실권은 자연스럽게 신하들에게 집중되었습니다. 이에 왕권은 현저하게 약화되었고 신권이 조정을 장악해 나갔습니다. 신권 확대에 불만을 가졌던 수양대군(후의 세조)은 1453년 계유정난(癸酉靖難)을 일으켜 단종 치하의 중신 세력을 제거한 후 국정의 중추를 장악하였습니다. 1455년 단종의 양위로 왕위에 오른 세조는 강력한 왕권 회복을 목표로 6조 직계제를 실시하고 집현전과 경연 제도를 폐지하여 신권을 약화시켰습니다. 세조의 즉위에 반대한 사육신의 주도로 단종 복위운동을 계획하였으나 실패하였고, 이후 많은 관료들이 정계를 떠나 아내 또는 어머니의 고향으로 이주해 살게 되었습니다. 이들의 존재는 지방에 성리학의 보급을 촉진하는 계기가 되었고 사림파(士林派) 세력이 본격적으로 등장하는 요인이 되었습니다.

그리고 사림이 정치 세력으로서 중앙 정계에 본격적으로 등장하게 되는 것은 성종 대부터입니다. 당시 세조 즉위에 공을 세웠던 훈구 세력이 정치적 실권을 장악하고 있던 상황 속에서, 성종은 이들을 견제하기 위해 사림을 대거 등용하여 삼사(三司)에 임명하였습니다. 삼사는 사헌부, 사간원, 홍문관을 말합니다. 이 중에서 앞 두 곳은 언관(言官)으로서 왕에게 간언하는 역할을 담당하였고, 일찍이 이곳의 관원을 대간(臺諫)이라고 불렀습니다. 반면 홍문관은 원래 국왕의 자문을 담당하던 기관이었는데, 성종 대에 언론기관으로서 기능이 정립되면서 이 세 기관을 함께 언론삼사로 칭하게 되었습니다. 성종은 언론삼사, 대간의 활동을 적극적으로 지원하는 것을 통해 훈구파 세력을 위축시켰고, 사림의 정치적 위상을 높였습니다. 이러한 성종의 노력으로 두 세력은 견제와 균형을 이루었고 국가적 편찬 사업과 문물 정비에 협력하는 등 안정적인 체제를 갖추게 되었습니다. 삼사의 정비를 통한 사림의 등용은 성종 대의 중요한 정치적 변화이자 발전이었습니다.

시청해 봅시다

세종대왕은 정치, 경제, 문화, 과학 등 여러 방면에서 뛰어난 업적을 남겼습니다. 관련 영상을 감상해 보고 세종 대 찬란한 발전이 가능했던 이유에 대해 함께 생각해 봅시다.

- 드라마 〈대왕 세종〉, KBS(2008)
- 드라마 〈뿌리깊은 나무〉, SBS(2011)
- 드라마 〈공주의 남자〉, KBS(2011)
- 드라마 〈장영실〉, KBS(2016)
- 영화 〈신기전〉(2008)
- 영화 〈관상〉(2013)

유교적 사회 질서의 확산

이런 것들을 배워 봅시다

조선 왕조는 유교 정치의 실현을 위해 과거제를 통한 인재 등용을 중시하였습니다. 과거제는 성균관과 향교를 비롯하여 서원과 서당 등 교육기관의 확산을 가져왔고 사회 전체에 유교 문화를 확산하는 데 큰 영향을 미쳤습니다. 특히 계유정난 이후 지방에 머물며 학문 연구와 교육에 힘쓰던 사림들은 과거 합격을 통해 중앙 정계에 진출하여 훈구파의 부패를 비판하였습니다. 새로운 정치 세력으로 부상한 사림은 수차례의 사화를 통해 정치적 탄압을 받게 되었으나, 유교적 이상 정치의 실현을 내세우는 사림의 주장은 꾸준히 세력을 확대하였고, 16세기 후반에 이르러 국정의 주도권을 장악하게 됩니다.

• 사림은 서원과 향약을 기반으로 향촌사회에 유교적 질서를 확산시켜 나갔습니다. 이들이 추구하였던 가치는 구체적으로 어떤 것이었을까요? 세계문화유산에도 등재된 서원을 방문하여 생각해 봅시다.

찾아가 봅시다

▼ 조선시대 사림과 성리학
 · 국립중앙박물관 중·근세관
   (서울시 용산구)
 · 성균관(서울시 종로구)
 · 심곡 서원(경기도 용인시)

▼ 세계문화유산에 등재된
  한국의 서원
 · 소수 서원(경상북도 영주시)

· 도산 서원(경상북도 안동시)
· 남계 서원(경상남도 함양군)
· 옥산 서원(경상북도 경주시)
· 필암 서원(전라남도 장성군)
· 도동 서원(대구시 달성군)
· 병산 서원(경상북도 안동시)
· 무성 서원(전라북도 정읍시)
· 돈암 서원(충청남도 논산시)

▎ 과거제로 신분 상승의 길이 열리다 ▎

과거제란 시험을 통해 관료를 등용하는 제도로서, 고려시대인 958년 광종의 왕권 강화의 목적으로 시행된 이래 정기적으로 실시되었습니다. 그러나 고려시대에는 고관들의 자제를 관리로 임용하는 음서제도가 크게 기능하고 있어 과거의 비중은 상대적으로 미미하였습니다. 이에 반해 조선 왕조는 성리학을 국가이념으로 하여 유교 정치를 실현하는 데 적합한 인재를 등용하기 위해 과거 실시를 중시하였습니다. 조선을 건국한 이성계는 1392년 즉위한 해에 과거 실시를 선언하였고, 이듬해 조선의 첫 과거가 실시된 이후 1894년 폐지될 때까지 500여 년에 걸쳐 과거가 지속적으로 실시되었습니다.

조선시대 과거에는 문관을 선발하는 문과와 무관을 선발하는 무과, 기술관을 선발하는 잡과 세 종류가 있었습니다. 시험은 3년에 한 번 시행하는 정기시험을 원칙으로 하였으나, 국왕의 즉위나 세자의 탄생을 축하하기 위한 여러 가지 명목의 임시시험도 있었습니다. 물론 이 중에서 문관을 선발하는 문과가 가장 중시되었고, 정기 문과 시험의 최종 합격자 수는 33명이었습니다. 또한 과거는 법제상 천민이 아니면 누구라도 응시할 수 있는 시험이었다는 점에서 사회 계층의 이동에도 크게 기여하였습니다. 이름 없는 가문에서 배출된 문과 합격자들의 존재는 조선 전기에 드문 일이 아니었습니다.

조선시대에 과거가 관리를 선발하는 가장 중요한 방법이 되면

더 알아봅시다

성균관 '성균'이라는 말은 《주례(周禮)》 대사악(大司樂)에 나오는 용어입니다. 《주례》에는 국가 교육기관으로 오학(五學)이 있으며, 그중 남학(南學)을 '성균'이라고 하여 음악을 통한 교육을 위해 대사악이 성균의 법(成均之法)을 관장했다고 합니다. 곧 '성균'은 음악의 조율을 맞춘다는 뜻으로 어그러짐을 바로잡고 지나치거나 모자라는 것을 고르게 한다는 의미라고 할 수 있습니다.

이러한 '성균'이라는 명칭이 처음 사용되었던 것은 1298년 고려시대에 국자감을 성균감으로 개칭한 데서 비롯됩니다. 1308년 성균감이 성균관으로 바뀌었고, 1356년에 다시 국자감으로 환원되었다가 1362년 성균관으로 복구되어 조선시대까지 계속 이어졌습니다. 조선 왕조가 들어서고 한양 천도에 따라 1398년 지금의 장소(서울시 종로구 명륜동)에 대성전과 동·서무를 비롯해 명륜당과 동·서재 등의 건물을 세워 성균관을 설립하고 문묘(文廟)라고도 불렀습니다. 이후 성종 대에 도서를 보관하는 존경각을 새로 지었습니다. 현재의 건물은 임진왜란으로 소실된 것을 선조 대와 그 후에 다시 지은 것입니다. 조선시대 성균관은 성리학 연구를 통해 지배 이념을 보급하고 유교적 소양을 갖춘 관료를 양성하여 체제의 유지에 크게 기여하였습니다. 그리고 성균관의 성리학적 인재 양성소로서의 기능은 과거제와 밀접하게 연결되어 있었습니다.

◀ 성균관 명륜당

서 고위 관직으로 나아가기 위해 과거의 합격은 매우 중요한 절차였습니다. 이는 조선 왕조가 성리학적 이념을 기초로 새로운 국가 체제를 구축하였으며, 사회적으로도 과거를 통해 유교적 지식을 갖춘 인물을 선발하는 것을 중요하게 생각하였다는 것을 보여줍니다. 과거제는 사회에 유학 지식과 교육을 중요하게 생각하는 전통을 만들었고, 성균관(成均館)과 4부 학당, 향교를 비롯해 서원과 서당 등 교육기관의 확산을 바탕으로 사회 전체에 유교 문화를 확산하는 데 큰 영향을 미쳤습니다. 조선시대의 지배 엘리트로서 양반(兩班)이라는 독특한 존재는 이러한 과거제도 속에서 만들어졌다고 말할 수 있습니다.

▎ 사림이 정치적으로 성장해 중앙에 진출하다 ▎

조선 왕조 건국에 적극적으로 협력했던 이들은 새로운 권력 집단으로 자리를 잡았습니다. 특히 세조의 즉위를 도왔던 세력은 공신이 되어 높은 관직을 독점하며 중앙 정계를 장악하였습니다. 이들을 훈구파(勳舊派)라고 부릅니다. 한편 지방에 머물며 학문 연구와 교육에 힘쓰며 성리학적 질서를 실천하기 위해 노력하였던 지식인들을 사림(士林)이라고 합니다.

세조 이후 1년 3개월여의 짧은 통치를 하다 급서한 예종을 거쳐 성종이 즉위했습니다. 성종은 열세 살의 어린 나이에 즉위하였기 때문에 할머니 정희대비가 수렴청정 *을 하였고, 이 기간에는 성종의 장인이었던 한명회(韓明澮)를 비롯한 훈구 세력들이 정치적으로 절대적인 영향력을 발휘하였습니다.

한편 성종은 친정을 시작하면서 훈구 세력의 영향에서 벗어나고자 노력하였습니다. 성종은 김종직(金宗直)을 필두로 한 사림 세력을 적극적으로 등용하여 정치 혁신을 꾀하는 등 훈구 세력을 견제하고자 했습니다. 사림은 삼사를 중심으로 중앙 정계에 진출하여 훈구파의 부패와 타락을 정면으로 비판하면서 공론 정치를 유도하였습니다. 또한 왕에게도 철저한 수양과 공부를 요구하면서 철저한 유교적인 이상 정치를 실현하고자 하였습니다. 이와 같이 새로운 정치 세력으로 성장한 사림과 훈구 세력 간의 대결은 피하기 어려웠습니다. 사림을 옹호하던 성종에 이어 즉위한 연산군(燕山君) 대부터 시작된 네 차례의 사화(士禍)를 통해 사림 세력은 집중적인 견제와 정치적인 탄압을 받게 되었습니다.

┃ 사화를 거치며 사림 정치가 자리잡다 ┃

성종에 이어 즉위한 연산군은 집권 초기부터 언론 활동을 통해 유교적인 왕도정치(王道政治)의 실현을 주장하는 사림 세력을 못마땅하게 여겼습니다. 훈구 세력 역시 성종 대를 거치며 새로운 정치 세력으로 부상한 사림이 눈엣가시였습니다. 결국 왕과 훈구 세력의 결속으로 사화를 일으켜 사림 세력을 제거하고자 하였습니다.

　1498년 무오사화(戊午士禍)는 최초의 사화였습니다. 훈구 세력들은 사림의 거두였던 김종직의 조의제문*을 문제 삼아 사림들을 대거 축출하였고, 이미 죽은 김종직은 무덤에서 파헤쳐져 목이 잘리는 부관참시(剖棺斬屍)를 당하였습니다. 무오사화를 계기로 언론삼사의 비판과 견제가 약화되자 연산군은 더욱 사치와 낭비, 폭정을 일삼았습니다.

　연산군 대의 두 번째 사화는 1504년에 일어난 갑자사화(甲子士禍)였습니다. 갑자사화의 직접적인 이유는 연산군의 생모 윤씨가 폐위된 사건을 둘러싼 것이었으나, 연산군의 횡포를 억제하려는 사림 잔존세력과 점차 왕과 갈등이 심화되고 있던 훈구 세력을 동시에 제거하기 위한 목적에서 벌어진 것이었습니다. 이렇게 두 차례의 사화를 통해 연산군은 절대 권력을 손에 넣었으나 정당성과 권력 기반을 모두 상실하였고, 그 결과 중종반정(中宗反正)으로 왕위에서 쫓겨나게 되었습니다.

중종반정으로 정치의 주도권은 재차 훈구 세력에게 돌아갔습니다. 이에 중종은 반정을 주도한 이들을 견제하기 위해 조광조(趙光祖)를 비롯한 사림을 등용하였습니다. 조광조는 삼사의 언론 활동을 활성화하였고, 도교의 제천행사를 거행하는 기관인 소격서(昭格署)를 없애는 등 유교적 정치 이념에 입각하여 개혁에 착수하였습니다. 그러나 조광조의 급진적인 개혁에 위기감을 느꼈던 훈구 세력은 1519년 기묘사화(己卯士禍)를 통해 조광조를 비롯한 많은 사림을 숙

더 알아봅시다

조광조(1482-1519)와 기묘사화 중종은 조광조를 통해 연산군 이후의 혼란해진 국가 질서를 회복하고 반정을 주도한 훈구파 세력을 견제하고자 하였습니다. 이에 조광조는 유교적 이상 정치의 실현을 위해 급진적인 개혁 정치를 단행하였습니다. 그는 경연을 강화하고 언론을 활성화했으며, 성균관 학생들을 정치에 참여시키는 한편 공론정치를 강화하여 사림의 지지를 확보하였습니다. 그러나 급진적이고 과격한 조광조의 노력은 훈구 세력의 반발을 샀고, 중종마저 조광조의 개혁에 부담을 느끼게 되어 다시 사림을 견제할 방법을 모색하게 되었습니다. 이에 남곤(南袞), 심정(沈貞) 등의 훈구 세력은 희빈 홍씨의 아버지인 홍경주(洪景舟)를 중심으로 반격의 기회를 모의하였습니다. 이들은 대궐 후원의 나뭇잎에 '주초위왕

▲ 조광조

(走肖爲王)'이라는 글자를 새겨 벌레가 파먹게 한 다음, 궁녀로 하여금 이를 따서 중종에게 바치게 하였습니다. 주초(走肖)는 조(趙)의 파자(破字)로서 '조광조가 왕이 된다'는 의미로 중종의 의심과 위기의식을 불러일으키고자 했던 것입니다. 홍경주 등은 조광조와 사림 세력이 임금을 속이고 조정을 어지럽혔다는 이유로 탄핵하였고, 중종은 훈구파의 탄핵을 받아들였습니다. 이로 인해 유배지에서 사사된 조광조를 비롯한 많은 사림들은 사형, 유배, 파직 등 큰 피해를 입었습니다. 이를 '기묘사화'라고 합니다.

청하고 다시 정계의 중심이 되었습니다.

　마지막 네 번째 사화는 명종(明宗)의 즉위 과정에서 일어났습니다. 중종에 이어 왕위를 계승한 인종(仁宗)은 즉위 후 사림파를 중용하였으나 재위에 오른지 8개월 만에 병사하고 말았습니다. 1545년 을사사화(乙巳士禍)는 인종 사후 명종의 즉위 과정에서 그 보위를 굳히기 위한 외척 세력 간의 견제로 사림이 피해를 입은 사건이었습니다.

　사화는 사림 세력의 정치적 성장 과정에서 발생한 사건이었습니다. 사림은 네 차례에 걸친 사화를 통해 많은 피해를 입었으나, 유교 이념에 따른 도덕 정치의 실현이라는 구호는 사림들 사이에서 폭넓은 공감대를 형성하였습니다. 이들은 향촌 사회에서 학문 연구와 후학 양성에 힘쓰며 영향력을 확대해 나갔고, 과거제를 통해 지속적으로 중앙 정계에서 진출하였습니다. 유교적 이상 정치의 실현을 내세우며 정치에 참여하는 사림의 주장은 꾸준히 세력을 확대하였고, 16세기 후반 선조 대에 이르러 국정의 주도권을 장악하게 되었습니다.

양반 중심의 성리학적 사회 질서가 확산되다

여러 차례의 사화로 큰 피해를 입은 사림은 서원(書院)과 향약(鄕約)을 기반으로 향촌 사회에 성리학적 질서를 확산시키고 세력을 키워 나갔습니다.

　조선시대 서원은 지방에서 성리학 교육을 담당하고, 선현의 제사를 지내는 기관으로 향촌 사회에서 사림 세력의 구심점이 되었습니다. 서원의 기능은 국가의 인재 양성과 향촌 사회 교화라는 정책과 긴밀하게 연결되었고, 사림파가 정치의 주도권을 잡게 되면서 본격적인 발전을 이루게 되었습니다. 이는 서원이 사림의 학문적

네 가지 강령이란?

네 가지 강령은 다음
과 같은 향약의 4대 강
령을 말합니다.
① 덕업상권(德業相
   勸): 좋은 일은 서로
   권한다.
② 과실상규(過失相
   規): 잘못한 일은 서
   로 꾸짖는다.
③ 예속상교(禮俗相
   交): 예의 바른 풍속
   으로 서로 교제한다.
④ 환난상휼(患難相
   恤): 근심과 어려운
   일은 서로 돕는다.

우위와 정치적 입장을 강화해주고, 동시에 성리학적 사회 질서를 확산시키는 역할을 수행하는 기관이었음을 의미합니다.

최초의 서원은 1543년 풍기군수 주세붕(周世鵬)이 건립한 백운동(白雲洞) 서원입니다. 이후 1550년 이황(李滉)이 풍기 군수로 재직하면서 백운동 서원의 사액(賜額)을 국가에 요청함으로써 소수(紹修) 서원이라는 사액을 받아 초기 서원 발전에 크게 기여하였습니다. 즉 사액 서원이란 왕으로부터 편액, 토지, 서적과 노비 등을 하사받아 권위를 인정받은 서원을 말합니다. 이를 통해 서원은 단순한 사립 교육 기관에서 국가의 공인하에 발전하고 널리 확산되는 계기가 되었습니다.

향약은 향촌규약의 준말로 일종의 향촌 사회의 자치 규범입니다. 향약은 중종 대에 사림파에 의해 전국적인 실시 논의가 제기되면서 점차 확대·보급되었습니다. 구체적으로 유교적 가치관에 근거한 네 가지 강령*을 통해 행위 규범을 설정하여 성리학적 향촌 질서

소수 서원 조선 최초의 서원인 백운동 서원은 이황의 건의로 소수 서원이라는 사액을 받게 되었습니다. 유생을 교육하는 강학당에는 명종이 친필로 쓴 현판이 걸려 있습니다. 2019년 7월 6일 〈한국의 서원〉으로 유네스코 세계문화유산으로 등재된 9개 서원 중 하나로 경상북도 영주시 순흥면에 위치하고 있습니다.

◀ 소수 서원 강학당

▲ 명종 어필
소수 서원 현판
ⓒ소수박물관

를 정착하는 데 크게 기여하였습니다.

특히 이황과 이이(李珥)가 제정한 향약은 대표적인 조선 향약입니다. 이황은 지방 교화를 목적으로 예안(禮安) 향약을 제정하였고, 영남 지방을 중심으로 확산되었습니다. 또한 이이는 서원(西原) 향약을 비롯한 네 종류의 향약을 제정하는 등 일생을 향약 보급에 노력

이황과 이이   이황(1501-1570)과 이이(1536-1584)는 조선의 대표적인 성리학자입니다. 이황은 조선 성리학의 기틀을 세웠다고 말할 정도로 학문적으로 높은 경지에 올랐습니다. 1534년 문과에 급제하였고 여러 관직을 두루 거쳤습니다. 이황은 일평생 학문 연구와 교육에 종사하면서 많은 제자들을 배출했고, 그의 제자들은 영남학파(嶺南學派)로 일컬어지며 남인 세력의 중추로 성장하였습니다. 그의 사후 지역 유림은 서원을 창건하였고, 1575년 선조로부터 '도산(陶山)'의 사액을 받았습니다. 이후 도산 서원은 영남학파의 정신적 지주 역할을 하였습니다.

이이는 이황과 더불어 조선을 대표하는 성리학자입니다. 1564년 문과에 장원 급제하였고 관료로서도 학자로서도 큰 성취를 이루었습니다. 이이는 사림 중심으로 재편된 중앙 정계에서 유학을 이념으로 사회 개혁을 이루고자 노력하였고, 사림들의 분열을 안타까워하였습니다. 이이의 제자들은 기호학파(畿湖學派)로 일컬어지며, 17세기 이후 서인 노론계에 의해 계승되었습니다.

▲ 이황

▲ 이이

하였고, 그의 학문을 이은 기호 지방에 큰 영향을 주었습니다.

사림은 향약을 통해 향촌의 백성을 교화하고 향촌 질서를 유지하면서 성리학적 사회를 이루고자 하였습니다. 그러나 성리학적 질서가 일상생활과 윤리적인 측면까지 확대되면서 백성들을 지나치게 유교적으로 예속시키는 폐단을 낳기도 하였습니다.

시청해 봅시다

조선시대 성균관에서 공부하던 학생들은 어떤 모습이었을까요? 관련 영상을 감상해 보고 함께 생각해 봅시다.

- 드라마 〈여인천하〉, SBS(2001-2002)
- 드라마 〈성균관 스캔들〉, KBS(2010-2011)
- 드라마 〈인수대비〉, JTBC(2011-2012)
- 드라마 〈천명〉, KBS(2013)
- 영화 〈왕의 남자〉(2005)
- 영화 〈물괴〉(2018)

왜란과 호란

이런 것들을 배워 봅시다

16세기 후반 이후 조선은 일본의 침략으로 전쟁에 휘말렸습니다. 임진왜란이 일어난 것입니다. 이 전쟁에서 이순신 장군을 비롯하여 전국 각지의 의병들이 활약하게 되고 명나라 지원군까지 가세하였습니다. 이에 일본군이 철수하고 조선은 안정을 되찾으려 노력하였지만 중국(후금과 청나라)의 침략이 이어졌습니다. 조선은 다시금 항전하였지만 결국 청의 군신 관계 강요를 받아들이며 굴욕적인 강화를 맺었습니다. 이후 조선에서는 북벌 운동이 제기되었습니다.

- 두 전쟁의 전개 과정을 이해해 봅시다.
- 두 전쟁이 조선에 미친 영향을 현충사나 남한산성과 같은 유적지를 방문해 생각해 봅시다.

찾아가 봅시다

▼ 임진왜란 유적

- 현충사(충청남도 아산시)
- 세병관, 충무공 이순신 둘레길, 이순신공원 기념비, 옥포항 거북선, 한산도 이충무공 유적지, 옥포대첩 기념공원, 제승당(경상남도 통영시)
- 행주산성(경기도 고양시)
- 진주성(경상남도 진주시)
- 의병박물관(경상남도 의령군): 홍의 장군 곽재우
- 경상남도 관광진흥공사 "충무공 이순신" 유적지 (체험여행) (참고: yisunsin.gyeongnam.go.kr)

- 칠백의총(충청남도 금산군): 조헌
- 사명대사 기념관(경상남도 밀양시)

▼ 대동법 시행 기념비

- 평택 원소사 마을의 대동법시행기념비(경기도 평택시)

▼ 병자호란 유적

- 남한산성(경기도 광주시)
- 삼전도비(서울시 송파구)

▼ 대보단 터

- 창덕궁 신선원전

▌일본의 침략으로 왜란이 일어나다 ▌

16세기에 들어서면서 북쪽의 여진족(만주족)이 국경을 자주 침범했습니다. 남쪽에서는 왜인(일본인)들이 소란을 일으켰습니다. 이에 조선은 국방의 전력을 강화하기 위해 비변사를 설치하고 일본에 사신을 보내는 등의 노력을 기울였습니다.

반면, 일본에서는 도요토미 히데요시(豊臣秀吉)가 혼란스럽던 전국(戰國) 시대를 끝내고 통일을 이루었습니다. 그리고 내부의 불평 세력이 밖으로 관심을 돌리도록 하여 정권의 안정을 도모하고, 대륙 진출의 야욕을 이루기 위해 조선을 침략하였습니다. 임진왜란(壬辰倭亂, 1592)이 발발한 것입니다.

더 알아봅시다

도자기 전쟁 조선은 청자나 백자를 만드는 기술이 뛰어난 것으로 유명했습니다. 따라서 임진왜란이 일어난 당시 일본은 조선의 훌륭한 도공들을 많이 데려가 도자기를 쉴 틈 없이 만들게 하고 그 기술을 전수받았습니다. 이후 일본은 17세기 중엽부터 유럽에 백자를 수출하게 되고 이로 인해 유럽은 일본을 '도자기의 나라'로 부르게 되었습니다. 조선의 도자기 기술이 일본에서 더욱 빛을 발하게 된 것입니다. 그래서 임진왜란을 '도자기 전쟁'이라 부르기도 합니다.

◀ 조선백자

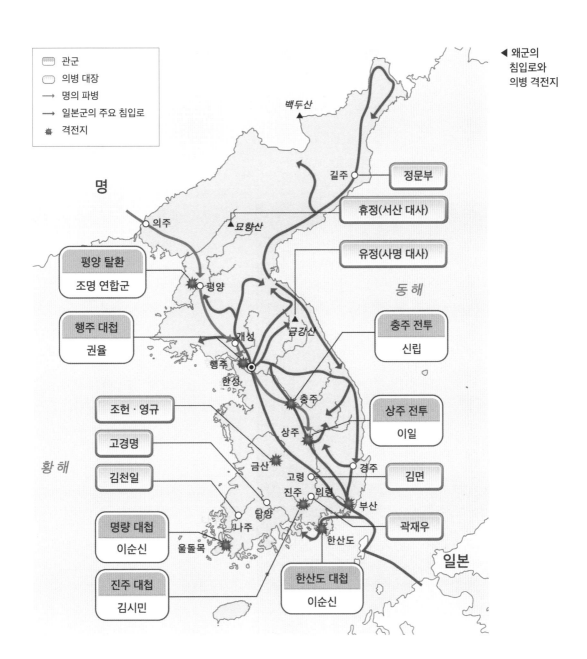

◀ 왜군의 침입로와 의병 격전지

관군
의병 대장
→ 명의 파병
→ 일본군의 주요 침입로
✹ 격전지

명

황 해

동 해

일본

정문부

휴정(서산 대사)

유정(사명 대사)

평양 탈환
조명 연합군

행주 대첩
권율

충주 전투
신립

상주 전투
이일

조헌 · 영규

고경명

김천일

김면

명량 대첩
이순신

진주 대첩
김시민

곽재우

한산도 대첩
이순신

백두산
길주
의주
묘향산
평양
개성
금강산
행주
한성
충주
상주
금산
고령
경주
진주
의령
부산
함양
나주
울돌목
한산도

▎ 민중이 스스로 왜적에 대항하여 싸우다 ▎

전쟁 초기에는 조선의 관군이 왜군에게 잇달아 패배하였습니다. 온 나라가 위기에 휩싸인 가운데 이순신(李舜臣) 장군이 이끄는 수군이 옥포에서 첫 승리를 거두고 연이어 왜의 수군을 격퇴해 나가며 해상을 장악하게 되었습니다.

한편, 전국 각지에서 의병(義兵)이 일어났습니다. 의병이란 '나라를 구하기 위해 스스로 일어난 의로운 병사'를 지칭하는 말로 그들은 자신이 태어나고 자란 익숙한 마을의 지형에 밝은 장점을 전술에 활용해 왜군에게 큰 타격을 주었습니다. 이렇게 이순신 장군을 필두로 한 수군과 의병의 활약으로 전쟁 초기 조선에 불리했던 전세는 점차 뒤집히게 되었습니다.

이순신 장군의 수군과 의병의 항전으로 전세가 바뀌고 있을 때, 전쟁 초기에 의주로 피난해 있던 국왕 선조의 요청으로 명나라 구원병이 파견되었습니다. 이들은 초기에 조선의 관관, 의병, 승병과 연합하여 평양성을 탈환하기도 하였습니다. 하지만 이후에는 왜군과 화의를 추진하였고 전쟁 후반에는 많은 희생을 입었습니다. 이렇게 대군을 조선에 파견한 명나라는 국력이 크게 소모되었고, 이를 틈타 여진족이 세력을 확대하게 되었습니다. 이는 명나라가 멸망하는 계기가 되었습니다.

▼ 거제도
　이순신공원
　기념비

이순신 장군의 3대 해전 이순신 장군은 3대 해전, 즉 한산도 대첩, 명량 대첩, 노량 대첩을 승리로 이끈 것으로 유명합니다. 특히 조선 최고의 전투함으로 평가받는 거북선을 만들어 기동력이 높고 전투력이 강한 해전을 펼쳐 왜군을 공포에 떨게 하였습니다.

그중 세계의 3대 해전 중 하나로 꼽히는 한산도 대첩은 이순신 장군의 가장 통쾌한 승리라 할 수 있습니다. 때는 1592년 7월로 수차례 해전에서 패한 왜군이 모든 함대를 모아 총공격을 펼쳤습니다. 이순신 장군은 이들을 한산도 앞바다로 유인해 학이 날개를 편 모양으로 왜군의 함대를 포위해 '학익진(鶴翼陳) 전술'을 펴 크게 승리하였습니다.

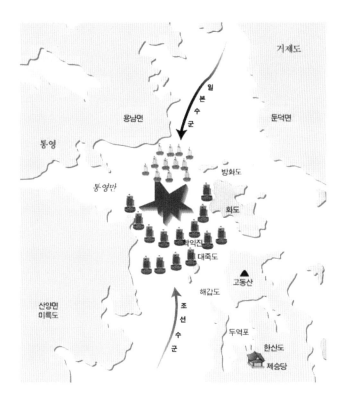

또한 왜군은 전세가 점차 불리해지고 1598년에 도요토미 히데요시가 사망하면서 철수하기 시작했는데, 이순신 장군은 퇴각하는 왜군을 격파하기 위해 노량에서 최후의 해전을 벌였습니다. 이때 적의 총에 맞아 죽는 순간까지도 "나의 죽음을 알리지 말라"고 명령했다고 합니다. 이순신 장군이 사망한 노량 대첩을 끝으로 7년간의 전쟁(임진왜란)은 막을 내렸습니다.

▲ 사명대사 유정

평양성을 탈환한 사명대사 유정 임진왜란에서 나라를 위해 싸운 의병들 중에 대표적인 인물로 사명대사(四溟大師) 유정(惟政)이 있습니다. 그는 의승도대장(義僧都大將)이 되어 의승병 2천 명을 이끌고 평양성 탈환에 큰 공을 세우는 등 여러 전투에서 활약하였습니다. 특히 일본의 적장 가토 기요마사(加藤淸正)와 회담을 하거나 일본과의 강화를 위해 사신으로 파견되기도 하였습니다. 그 결과 성공적인 외교성과를 거두며 전쟁 때 끌려간 3천여 명의 동포를 데리고 귀국하였습니다.

그는 국방에도 관심이 깊어 남한산성과 같은 여러 산성을 만드는 데에도 힘쓰고, 활촉과 같은 무기도 만들어 활용하였습니다. 투항한 일본 군사 조총병을 비변사에 인도하여 화약 제조법과 조총 사용법도 가르치도록 하였습니다.

▎민심 수습과 중립 외교로 전란의 극복을 꾀하다 ▎

임진왜란 발생으로 삼도(三都, 한양·개성·평양)가 함락되는 등 위급한 상황이 되자 당시 왕이었던 선조는 피난을 계획하였습니다. 이때 조정을 둘로 나누어 임시로 조정을 하나 더 운영하게 되는데, 이를 '분조(分朝)'라고 합니다. 즉 분조는 선조가 요동으로 망명할 것에 대비하여 임금을 대신하여 나라를 다스리라는 왕명에서 나온 소조정(小朝廷)이었습니다. 선조의 행선지였던 의주의 행재소(行在所)를 원조정(元朝廷)이라 하였고, 본국에 머물며 종묘사직을 받들게 된 왕세자 광해군(光海君)이 분조를 맡게 되었습니다.

광해군은 분조에 남은 중신들을 이끌고 활발한 활동을 전개하였습니다. 특히 이때 각 지역에서 고군분투하는 의병장들과 장수들

대동법 조선에서는 어느 지방에서나 그 지방에서 많이 생산되는 특산물을 세금(공물)으로 내도록 하였습니다. 이러한 공물을 쌀로 통일하여 바치게 한 것을 대동법(大同法)이라고 합니다. 대동법은 백성들의 부담을 줄여주기 위해 가구당 부가되는 세금과는 달리 토지를 기준으로 부과하였습니다. 이는 토지를 갖고 있지 않은 백성들의 조세 부담을 줄여주고 지주들에게 세금 부담을 늘려 소득 재분배의 기능도 할 수 있었습니다.

이러한 대동법은 광해군 때 경기도에서 처음으로 실시된 후 100년 후에나 전국적으로 시행될 수 있었습니다. 대토지를 소유한 양반 지주들의 반발이 컸음을 알 수 있는 부분입니다.

대동법을 주관하던 관청은 '백성들에게 은혜를 베푼다'는 광해군의 교지 내용에 따라 선혜청(宣惠廳)이라 불렀습니다.

에게 사람을 보내어 상을 주고 관직을 내렸습니다. 또한 왜군이 거쳐간 곳을 방문해 군과 백성을 격려하는 등 민심을 수습하는 데 힘썼습니다.

이렇게 왜란으로 피폐해진 상황에서 광해군이 조선 제15대 왕에 오르게 되었습니다. 그는 전쟁으로 입은 피해를 복구하는 사업에 주력하는 등 많은 사업을 벌였습니다. 한성부의 질서를 회복하기 위해 창덕궁을 중건하고, 또 경덕궁(경희궁), 인경궁을 준공하는 등 궁궐 조성에 힘쓰고, 양안*과 호적**을 새롭게 만들어 국가 재정을 확충하였습니다. 한편, 성곽과 무기를 수리해 국방력을 강화하고 백성의 생활 안정에도 힘을 기울여 대동법을 시행하기도 하였습니다. 또한 명나라가 쇠약해지고 후금이 강성해지는 국제 정세를 잘 살펴 신중하게 중립 외교를 추진하여 대외적으로도 조선의 안보를 유지하려 애썼습니다.

양안이란?*

양안은 조세를 부과하기 위해 전국의 토지를 측량하여 만든 토지대장입니다.

호적이란?**

호적은 원래 호구조사를 위해 만들어졌는데 차츰 행정적 문서로 발전하면서 백성들에게 부역과 조세를 부과하고 징수하기 위한 기초 자료로 사용되었습니다.

▌ 두 차례에 걸친 중국의 침략, 호란이 일어나다 ▌

광해군의 개혁 정치가 모든 사람에게 환영을 받는 것은 아니었습니다. 특히 광해군의 집권으로 힘이 약해졌던 서인(西人)은 광해군을 몰아내고(인조반정) 정권을 잡아 친명 배금 정책을 펴게 되었고, 이에 후금(後金)은 조선을 침략하게 되었습니다. 정묘호란(丁卯胡亂, 1627)이 그것입니다.

　　이립(李岦) 등이 의병을 일으켜 맞서 싸웠으나 조선은 후금을 막기에 힘이 부족했고 결국 전쟁이 일어난 지 두 달 만에 인조(仁祖)는 강화도로 피난을 가야 했습니다. 두 나라는 곧 '형제의 나라'가 된다는 약속을 맺고 전쟁을 끝내게 되지만, 반란과 세력 다툼으로 조선의 사정은 더욱 어지러워졌습니다.

　　반면, 후금의 세력은 더욱 커져 조선에 군신 관계를 요구해 왔

더 알아봅시다

인조반정 조선시대 정치적인 변동 중 하나로 왕조를 교체하는 역성(易姓) 혁명이 있습니다. 그리고 역성 혁성 외에 왕조의 정통성을 유지한 채 왕위만 교체하는 것을 반정(反正)이라고 불렀습니다. 1506년 연산군을 축출한 중종반정과 1623년 광해군을 축출한 인조반정(仁祖反正)이 대표적입니다.

광해군은 전란으로 피폐해진 조선을 위해 대내외적으로 국가 체제를 정비하고 안정화를 도모하고자 노력하였습니다. 그러나 조정 내부적으로 붕당 간의 대립이 심화되면서 왕권의 기반이 상당히 취약해졌습니다. 광해군 때 집권한 북인(北人)은 서인과 남인(南人)을 배제한 채 권력을 독점하고, 광해군이 왕위에 오르는 과정에서 갈등을 빚은 영창대군(永昌大君)을 죽이고 인목대비(仁穆大妃)를 폐비시키는 등 정치적 무리수를 두게 되었습니다.

이에 서인들이 광해군을 폭군으로 몰아 반정을 일으켜 광해군과 북인을 몰아내고 인조를 새 왕으로 추대하게 되었습니다.

특히 서인 세력은 반정의 주역이 되어 정국을 주도하며 왕권을 제약해 갔습니다. 또한 성리학적 윤리관에 기초해 명분과 의리를 내세운 인조반정은 광해군이 쌓아온 중립 외교 정책을 패륜으로 비판하면서 친명 배금 정책으로 전환하였습니다. 이러한 정책이 결국 정묘호란, 병자호란 같은 전란을 초래하게 되어 국가의 기반과 경제가 다시 한 번 파탄 상태에 빠지게 되었습니다.

습니다. 조선에서는 국가의 안전을 위해 화친해야 한다는 주장도

▲ 남한산성

제기되었지만, 오랑캐에게 굴복해서는 안 된다는 주장이 우세하여
후금의 요구를 거부하였습니다. 이후 후금은 청(淸)으로 이름을 바
꾸고 1636년 20만 명의 군대를 이끌고 압록강을 건너 조선을 침략
해 왔습니다. 병자호란(丙子胡亂, 1636)이 일어난 것입니다. 당시 인조
는 남한산성(南漢山城)에서 항전하였지만 끝내 청에게 굴복하고 군

더 알아봅시다

▲ 삼전도비

삼전도비 척화파(斥和派) 윤집과 주화파(主和派) 최명길의 대립 등
을 다룬 병자호란의 이야기는 영화 〈남한산성〉(2017)으로도 잘 알려
져 있습니다. 특히 영화에서 비장하게 다루고 있는 인조의 '삼배구고
두(三拜九叩頭, 세 번 절하고 아홉 번 머리를 찧는 청나라의 관습)'와 '삼전
도비'는 병자호란의 굴욕적인 강화를 상징적으로 보여줍니다.
삼전도비(三田渡碑)는 청과 조선이 군신 관계를 맺은 것을 기념하기
위해 청 황제의 명령으로 세운 기념비였습니다. 이후 삼전도비는 매
장과 복원이 되풀이되었는데, 현재 서울특별시 송파구 잠실동에 위
치해 있으며 사적으로 지정되어 관리 중입니다.

신 관계를 맺게 되었습니다.

병자호란 후 인조는 자신의 큰아들 소현세자(昭顯世子)를 청의 볼모로 보내게 되었습니다. 인질이 된 소현세자는 청에 도착해 철저한 감시 속에서 불안한 생활을 하게 되었고, 얼마 지나지 않아 지원금도 끊기어 직접 농사를 지으며 생활하였습니다. 그러나 소현세자는 오히려 이 기회를 이용하여 청과의 무역이나 둔전 경영을 통해 재력을 비축하여 청에 끌려온 조선인 포로들을 구출해 내기도 하였습니다. 청이 조선에 공물이나 군사를 요구할 때에도 그는 조선의 상황을 설명하여 공물의 양을 줄이거나 군사를 보내지 않도록 하는 등 청의 황족이나 관리들에게 능력을 인정받는 외교관으로서 역할을 하기도 하였습니다.

▌ '소중화' 사상과 북벌론이 제기되다 ▌

'소중화(小中華)'는 주변국인 청의 공격으로 명이 멸망하여 중화의 주인이 사라지자, 주변국이었던 조선이 자국을 중화의 유일한 계승자로 자처한 것을 일컫습니다. 정치, 경제, 문화 등 모든 분야에서 중국이 세계 최고이자 중심이라는 인식을 '중화(中華)' 사상이라 하는데, 이러한 중화사상은 중국 이외의 문명을 배척하고 교화해야

더 알아봅시다

대보단 대보단(大報壇)은 1705년 창덕궁에 설치된 제단으로 명의 신종(神宗, 만력제)과 의종(毅宗, 숭정제)을 추모하는 것이 목적이었습니다. 여기서 신종은 임진왜란 때 조선에 구원병을 파병했으며, 의종은 명의 마지막 황제였기에 제사의 대상이 되었습니다. 즉, 조선에서 명의 황제들에게 제사를 지냄으로써 중화국가인 명의 유일한 계승자임을 대내외에 알리려는 의도를 담고 있다고 할 수 있습니다.

할 대상으로 보게 되는 인식의 근거로 작동하기도 하였습니다. 그러던 중 1644년 한족(漢族) 왕조였던 명이 만주족인 청에 의해 멸망하면서 중화사상은 극심한 변동을 겪게 되었습니다. 명의 멸망으로 기존 동아시아 중화질서가 붕괴한 것입니다.

이에 청의 지배를 인정하지 않는 다양한 저항의식이 나타났는데, 조선에서는 명이 멸망한 것을 알게 된 후에도 곧 명이 회복될 것으로 믿었습니다. 그래서 조선에서는 무력으로 청을 공격해 명을 도와야 한다는 북벌론(北伐論)과 같은 주장이 제기되기도 하였습니다. 조선에게 명은 임진왜란 때 구원병을 파병해 조선을 멸망에서 벗어나게 한 대국(大國)이었던 것도 하나의 요인으로 작용하였습니다. 그러나 시간이 지나도 명이 회복될 기미가 보이지 않자 조선을 중화의 유일한 계승자로 인식하기 시작하였습니다. 여기에는 조선의 국력으로는 청을 이길 수 없다는 현실적인 상황도 반영되었습니다. 이에 조선은 중화의 문물을 지키고 계승하는 유일한 문명국가로서 문명이 낮은 만주족이 세운 청나라와는 문명 수준이 다른 중화의 계승자라는 논리를 만들어냈습니다. 이를 '소중화' 사상이라고 부릅니다.

조선은 이와 같은 '소중화주의(小中華主義)'를 만들어냄에 따라 그에 맞는 근거를 마련할 필요가 생겼습니다. 따라서 기자(箕子)를 중시하여 조선은 주(周)나라 때부터 이미 중화가 흘러 들어 왔다는 주장이 제기되었습니다. 아울러 대보단과 만동묘를 만들어 조선

▼ 만동묘

송시열은?

송시열은 조선의 중화주의 사상을 주장한 대표적인 성리학자입니다. 송시열은 '해동 건곤 존주대의(海東乾坤 尊周大義)'라는 글을 쓰기도 했는데, 이는 해동(조선)의 하늘과 땅 모두 중국 요순 시대의 태평성대를 이어받은 이상적 국가 주나라의 정신을 존중하는 큰 뜻을 갖는다는 뜻입니다.

이 중화문명의 유일한 계승자임을 드러내고, 신종과 의종에게 제를 지내기도 하였습니다. 이외에도 정복 왕조가 중원에 국가를 세운 일을 재평가하여 중화문화의 계승자가 중국의 주변국에도 있을 수 있다는 논리를 만들어 내기도 하였습니다.

병자호란 이후 조선은 청에 대해서 표면적으로는 사대 외교정책을 시행하였으나 실질적으로는 국방을 강화하면서 북벌을 준비하였습니다. 인조는 서인 소장파의 척화 주전론이 청의 침략을 불러왔다고 판단하여 일부 남인을 중용하고자 하였습니다. 이에 서인들은 북벌론을 주장하면서 남인 세력의 진출을 견제하였고, 북벌론은 패전을 책임져야 할 서인들의 정권 유지 수단으로 전락하게 되었습니다. 특히 효종(孝宗) 때 송시열(宋時烈), 송준길(宋浚吉), 이완(李浣) 등을 중용하여 군대를 양성하고 성곽을 수리하면서 북벌을 준비하였습니다. 이때 송시열은 청으로부터 받은 치욕을 설욕하고 명에 대한 은혜를 갚는 것이 군자된 나라의 도리로 보고 북벌론을 강력하게 주장하였습니다. 북벌론을 통해 내부적으로 숙종 때는 윤휴를 중심으로 북벌 움직임이 제기되었으나 실천에 옮기지는 못하였습니다.

▲ 송시열이 쓴 '해동의 하늘과 땅'

시청해 봅시다

왜란과 호란은 동아시아 국제 정세에 어떠한 영향을 끼쳤을까요? 관련 영상을 감상해
보고 함께 생각해 봅시다.

- 드라마 〈불멸의 이순신〉,
  KBS(2004-2005)

- 영화 〈최종 병기 활〉(2011)

- 영화 〈광해, 왕이 된 남자〉(2012)

- 영화 〈명량〉(2014)

- 영화 〈남한산성〉(2017)

- 영화 〈대립군〉(2017)

왕조의 궁궐

이런 것들을 배워 봅시다

임진왜란의 발발로 한양 도성 곳곳이 피해를 입었습니다. 궁궐 역시 소실되거나 재해를 입어 중건 사업을 펼치게 되었습니다. 조선에서 가장 처음 지어진 경복궁을 비롯해 후원이 아름다운 창덕궁, 성균관 유생들이 경연을 펼쳤던 창경궁, 조선의 양궐 체제를 연 경희궁, 그리고 근대적 황궁으로 이후 그 역할을 하게 되는 경운궁(덕수궁) 등 궁의 재건은 곧 조선의 재건을 뜻하는 것이었습니다.

- 조선을 대표하는 궁궐에 대해 이해해 봅시다.
- 조선의 5대 궁이 갖는 특징을 좀 더 알기 위해 경복궁, 창경궁, 서울 역사박물관 등을 직접 방문하고 시야를 넓혀 한양(서울)의 도시정체성에 대해서도 생각해 봅시다.

찾아가 봅시다

▼ 서울의 궁들
- 경복궁
- 창덕궁
- 창경궁

- 경희궁
- 덕수궁(경운궁)

▼ 한양도성 상설전시관
- 서울 역사박물관

▎ 조선 왕조의 상징, 궁궐을 재건하다 ▎

조선시대 들어서 도읍이 된 한양은 계획도시로 평가됩니다. 특히 한양을 둘러싸는 성곽을 지어 그 안정성을 확보하고 동서남북으로 사대문을 만들기도 하였는데, 유학에서 인의예지(仁義禮智)의 뜻을 담아 흥인지문(興仁之門, 동대문), 돈의문(敦義門, 서대문), 숭례문(崇禮門, 남대문), 숙정문(肅靖門, 북대문)이라 불렀습니다.

이외에 궁궐터나 종묘(宗廟), 사직단(社稷壇) 등의 위치도 미리 선정하였습니다. 종묘는 왕실의 조상을 모시고 제례를 올리는 사당으로 유교 국가 조선에서는 무척 중요한 곳이었습니다. 또 농사를 중요하게 생각한 조선은 토지의 신 '사(社)'와 곡식의 신 '직(稷)'에게 제사를 드리고 기우제를 지내기 위해 사직단을 세웠습니다.

조선의 왕이 평소 거주하고 정치를 하던 곳은 궁궐이었습니다. 현재 서울에서 볼 수 있는 경복궁, 창덕궁, 창경궁, 경희궁, 경운궁(덕수궁)을 조선의 5대궁이라고 부르기도 합니다. 조선의 궁궐은 성리학을 기반으로 하는 정치철학을 반영하여 중국이나 동아시아의 다른 궁들과 비교할 때 상대적으로 규모가 작고 소박한 편입니다. 궁궐이 크고 화려하면 좋지 않은 것으로 여겼던 것입니다.

한양 도성에 지어진 궁궐들은 대개 임진왜란 때 소실되거나 재해를 입어 후대의 중건 사업을 거쳐 재건되었습니다. 임진왜란을 기준으로 그 이전에는 경복궁, 창덕궁, 창경궁을 사용하였고, 왜란 후에는 창덕궁, 창경궁, 경희궁을 주로 사용하였습니다. 19세기에

1610	1616	1617	1760	1868	1907
창덕궁 중건	창경궁 재건	경덕궁 건축 시작	경덕궁을 경희궁으로 개명	경복궁 재건	경운궁을 덕수궁으로 개명

고종이 즉위한 후에는 경복궁을 다시 중건하여 아관파천(1896) 이
전까지 사용하였습니다. 1897년부터 사용된 경운궁은 조선의 왕궁
이기도 하지만 대한제국 시기에 중심 역할을 한 황궁이기도 하였
습니다.

▼ 조선 5대 궁궐

▎ 경복궁, 조선 왕조의 시작을 알리다 ▎

조선의 궁궐 중 제일 처음 지어진 경복궁(景福宮)은 조선 왕조를 상징하는 정궁이었습니다. 조선을 창건한 태조는 고려의 수도였던 개경(지금의 개성)을 버리고 한양을 새 왕조의 수도로 정하고 1395년에 경복궁을 완성하였습니다. 경복(景福)은 '큰 복을 누리라'는 뜻입니다. 그러나 경복궁은 1592년 임진왜란으로 불타 없어졌다가 조선 말기 고종 때인 1867년에 흥선대원군(興宣大院君)에 의해 중건되었습니다.

경복궁의 주요 건물들은 정문으로부터 일직선으로 정전, 편전, 침전 등이 좌우대칭으로 배치되어 있어 왕의 권위를 상징합니다.

더 알아봅시다

경복궁 근정전 경복궁은 한양에 도읍을 정한 후 가장 먼저 세워진 궁궐입니다. 경복궁의 여러 건물 중 가장 웅대하고 중요한 건물로 근정전을 꼽을 수 있습니다. 근정(勤政)이라는 말은 임금이 부지런하게 정사를 돌보라는 의미를 담고 있습니다. 현재의 건물은 임진왜란 때 불탄 것을 1867년에 다시 지은 것입니다.

▼ 경복궁 근정전

경복궁의 중심이 되는 근정전(勤政殿)은 조선 왕실을 상징하는 건축물로 역대 국왕의 즉위식이나 대례가 거행된 곳입니다. 왕이 늘 머물며 정치를 하던 편전을 사정전(思政殿)이라 부릅니다. 사정전 뒤로는 내전(內殿)이 시작되는데, 먼저 왕의 침소인 강녕전(康寧殿)이 있고 강녕전 북쪽 위에 중궁이 머무는 교태전(交泰殿)이 있습니다. 교태전 뒤뜰에는 인공적으로 만든 동산 아미산(峨眉山)이 있습니다.

광화문(光化門)은 경복궁의 정문이자 바깥 대문으로 남문에 해당합니다. 안쪽에 위치한 남문은 홍례문(弘禮門·興禮門)이고 동문은 건춘문(建春門), 서문은 영추문(迎秋門), 북문은 신무문(神武門)이라 불렀습니다. 이들은 광화문보다 규모는 작지만 높은 석대 위에 문루를 올려 세우는 형태로 지었습니다. 특히 광화문은 돌을 높이 쌓은 댓돌 위에 2층의 문루를 세웠는데, 이러한 궁의 대문 형식은 다른 궁에서는 볼 수 없는 정궁의 정문으로서 그 위세를 나타냅니다.

▌창덕궁, 자연과의 조화를 담다 ▌

창덕궁(昌德宮)은 1405년 태종이 개경에서 한양으로 다시 천도를 할 때 '왕자의 난'으로 어지럽혀진 경복궁으로 들어가지 않고 따로 이 궁을 짓고 옮겨 살게 되면서 그 역사가 시작되었습니다. 동편으로 창경궁이 연결되고 남서편으로 운현궁(雲峴宮)이 있으며 동북편에 성균관(成均館)이 있습니다. 창덕궁 역시 1592년 임진왜란으로 모든 궁궐이 소실되어 광해군 때에 재건되었습니다. 이후 창덕궁은 1867년 흥선대원군에 의해 경복궁이 중건되기 전까지 조선의 법궁(法宮) 역할을 하였고, 조선의 궁궐 중 가장 오랜 기간 동안 왕들이 거처했던 궁궐이기도 합니다. 경복궁의 동쪽에 위치해 동궐(東闕)이란 별칭으로 부르기도 했습니다.

창덕궁은 북쪽 뒤로 펼쳐진 응봉(鷹峰) 자락의 지형에 따라 건물

비원(祕苑)이란?*

비원은 창경궁과 창덕궁에 딸린 북쪽의 정원을 가리키는 말로 우리에게 익숙한 말이지만, 실제 전통적으로 사용해 온 용어는 아닙니다. 조선시대에는 이곳을 후원 혹은 내원(內苑), 상림원(上林苑), 금원(禁苑)이라고 부르기도 했습니다. 비원이라는 말은 1908년 일제강점기 때 유포되어 최근까지 통용되고 있습니다. 공간 역시 원래 창경궁의 후원과 서로 연결되어 경계가 없었는데, 일제 때 창경궁을 창경원으로 개조하면서 두 궁궐의 후원에 담장을 쌓아 지금처럼 분리되었습니다.

을 배치하여 궁궐 건축의 비정형적 조형미를 대표하고 있습니다. 창덕궁 안에는 궁궐의 대문인 돈화문(敦化門), 신하들의 하례식이나 외국 사신을 접견하는 장소로 사용하던 인정전(仁政殿), 국가의 정사를 논의하던 선정전(宣政殿)이 있습니다. 또 왕실 가족의 침전 공간 외에 연회나 산책, 학문을 즐길 수 있는 매우 넓은 공간을 후원(後苑)으로 조성하였습니다. 특히 비원*이라 부르기도 하는 후원은 각 권역마다 정자, 연못, 괴석, 거목이 어우러진 아름다운 정원으로 유명합니다.

창덕궁은 현재 남아 있는 조선의 궁궐 중 그 원형이 가장 잘 보존되어 있습니다. 또 조선시대의 전통 건축 양식을 담고 있어 자연 경관을 배경으로 인위적인 건물이 자연의 수림 속에 자리하고 있습니다. 후원 역시 자연 지형에다 꽃과 나무를 심고 연못을 파서 조화롭게 건물을 배치하였습니다. 이러한 '자연과의 조화로운 배치와 한국의 정서가 담겨 있는' 점을 높이 평가하여 1997년 유네스코 세계문화유산으로 등록되었습니다.

▼ 창덕궁 후원 연못

창경궁, 백성을 향해 문을 열다

창경궁(昌慶宮)은 세종이 즉위하여 아버지 태종이 머물 수 있는 거처로 수강궁(壽康宮)을 지었는데 세조 이후 한동안 빈 궁궐로 존재하다가 1483년에 성종이 수리하여 창경궁으로 이름을 바꾸어 사용하였습니다. 한양의 다른 도성과 마찬가지로 임진왜란 때 불에 탔는데 1616년 광해군이 재건하였습니다. 그러나 이후 화재 등으로 소실과 재건이 반복되고 그중 화재에서 살아남은 명정전(明政殿)은 조선 왕궁의 법전 중에서 가장 오래된 건물이라 할 수 있습니다.

창경궁은 독립적이면서도 창덕궁과 연결되어 있어서 창덕궁의 모자란 주거공간을 보충해 주는 역할을 하였습니다. 특색은 정문에 해당하는 홍화문(弘化門)이 동쪽을 향해 있다는 점입니다. 조선 왕궁의 다른 대문들은 대개 남향입니다. '조화를 넓힌다', 즉 덕을 행하여 백성을 감화시키고 널리 떨친다는 뜻의 홍화문은 말 그대로 왕이 직접 백성들을 만나 그들의 의견을 듣거나 쌀을 나누어 주던 곳이기도 합니다. '글을 숭상한다'는 뜻의 숭문당(崇文堂)에서는 왕이

▼ 창경궁 명정전

사도세자(思悼世子, 1735-1762)는?*

사도세자의 이름은 이선(李愃)으로 어릴 때부터 총명하고 재능이 넘쳐 아버지 영조는 물론 왕실의 기대를 듬뿍 받았습니다. 무예에도 조예가 깊어 24세에 《무기신식(武技新式)》이라는 책을 지을 정도였다고 합니다. 그러나 점차 부자 사이에 문제가 생기고 영화 〈사도〉(2015)에서도 다루고 있듯이, 친아버지의 명령으로 27세의 나이에 죽음을 맞이했습니다. 특히 그 죽음이 엽기적인 방식으로 집행되면서 사도세자는 비극적 운명의 주인공으로 회자되어 왔습니다.

경연을 벌였는데, 특히 영조는 이곳에서 성균관 유생이나 종친들을 접견하고 유생들의 시험을 진행하였습니다. 창경궁의 집무실 역할을 하던 문정전(文政殿)은 영조가 사도세자*를 뒤주에 가두어 둔 곳이기도 합니다.

경희궁과 경운궁, 조선 궁의 위계를 보여주다

경희궁(慶熙宮)의 원래 이름은 경덕궁(慶德宮)으로 광해군 때 지어진 이궁이었습니다. 영조 때 경희궁으로 이름이 바뀌었는데 경복궁의 서쪽에 위치하여 서궐이라는 별칭으로 부르기도 하였습니다. 동궐과 더불어 양궐 체제 속에서 독립된 역할을 하며 왕의 거처로 사용되기도 하였는데, 경복궁이나 창경궁이 중건될 때 경희궁의 전각이나 건물들을 옮겨 사용해서 경희궁은 점차 궁궐로서의 기능을 상실하게 되었습니다.

경운궁(慶運宮)은 임진왜란으로 의주로 피난을 갔던 선조가 다시 한양으로 돌아오면서 임시 행궁으로 사용하던 곳을 광해군이 등극하여 경운궁으로 부르면서 그 역사가 시작되었습니다. 이후 고

▼ 덕수궁

조선 궁궐의 구조 조선의 궁궐은 기본적으로 그 기능에 따라 정문, 정전, 편전, 침전과 같은 전각들을 갖추고 있습니다. 정문(正門)은 궁으로 들어가는 문이었습니다. 경복궁의 광화문이나 창덕궁의 돈화문, 창경궁의 홍화문이 정문에 해당합니다.

정전(正殿)은 궁의 핵심 전각으로 국가적인 행사를 거행하고 신하들과 회의나 행사를 하던 공간이었습니다. 모든 궁궐 건축물 중에서 규모나 형태 등이 가장 크고 화려하며 궁 전체의 배치도 정전을 중심으로 이루어집니다. 경복궁의 근정전이나 창덕궁의 인정전 등을 말합니다.

편전(便殿)은 왕의 집무시설로 왕이 가장 오랜 시간을 보내는 공간이었습니다. 편전에서는 소규모의 조의를 비롯하여 학문적 활동과 경연 등이 이루어졌습니다. 경복궁의 사정전이 대표적입니다.

침전(寢殿)은 왕과 왕비의 침소로 각각 하나씩 나누어 지었습니다. 침전은 공무가 아닌 사적이고 일상적인 생활 영역에 해당하여 가장 내밀한 건축적 특징을 담고 있습니다. 그러나 왕실혼례와 같은 의식이나 왕실의 경조사 등도 침전에서 진행하였습니다. 강녕전, 함녕전 등이 여기에 해당합니다.

▲ 경복궁 강녕전

또한 궁궐들은 서로 다른 위계를 지니고 있습니다. 법궁, 이궁과 같은 용어가 궁의 위계를 나타냅니다. 법궁(法宮)은 정궁(正宮)이라고도 하며 왕의 제1궁궐입니다. 이궁(離宮)은 법궁보다 격이 한 단계 낮은 궁궐로 제2궁궐이라고 할 수 있습니다. 조선 초기에 경복궁은 법궁으로, 창덕궁은 이궁으로 창건되었습니다. 이러한 양궐 체제는 현실적으로 필요한 것이었습니다. 화재나 전염병으로 법궁의 생활이 어려울 경우 이궁으로 옮겨서 생활해야 했기 때문입니다. 왜란 이후 조선 후기에는 창덕궁이 실질적인 법궁 역할을 하고, 창경궁 동궐과 경희궁 서궐이 이궁 역할을 하였습니다.

종(高宗)이 대한제국(大韓帝國)을 선포하고 황제로 즉위하면서 경운궁은 근대적인 황궁으로서의 규모와 격식을 갖추게 되었습니다. 1907년 고종의 아들 순종(純宗)이 즉위하여 고종의 호를 태황제라 하고 궁호를 덕수라 정하게 되면서 경운궁을 덕수궁(德壽宮)이라 부르게 되었습니다.

시청해 봅시다

조선의 궁궐은 동아시아의 다른 나라와 비교해 어떠한 특징이 있을까요? 관련 영상을 감상해 보고 함께 생각해 봅시다.

- 드라마 〈육룡이 나르샤〉, KBS(2015-2016)
- 영화 〈나랏말싸미〉(2019)
- 영화 〈사도〉(2015)

영조·정조 시대의 개혁정책

이런 것들을 배워 봅시다

임진왜란과 병자호란 이후 조선은 여러 면에서 변화하기 시작하였습니다. 권력의 독점이라는 폐단을 낳게 된 붕당 정치가 변질되면서 탕평론이 대두되고 영조, 정조는 탕평파를 적극 육성하여 개혁을 이끌었습니다. 토지 제도와 수취 체제 등 경제 정책도 정비되면서 농업이나 상업의 발달을 초래하기도 하였습니다. 이러한 경제 발달은 곧 신분제의 변화로 이어졌고, 기술력과 경제력을 가진 중인층이 부상하고 노비 제도도 해체되었습니다.

• 조선 후기 탕평책이 실시되는 과정을 이해해 봅시다. 아울러 양반 중심의 신분 질서가 어떻게 변화되는지 설명해 봅시다.
• 성균관대학교 정문에 위치한 탕평비(탕평비각 내)와 수원 화성에도 직접 방문해 조선 후기 사회변화가 갖는 의의에 대해서도 생각해 봅시다.

찾아가 봅시다

▼ 조선시대 붕당 정치
•성균관대학교 탕평비(서울시 종로구)
•화양구곡, 화양서원, 만동묘
  (충청북도 괴산군)
▼ 조선의 과학 기술
•수원 화성(경기도 수원시)

▼ 조선시대 도서관
•서울대학교 규장각
•성균관대학교 존경각
▼ 허준 유적
•허준박물관(서울시 강서구)
•허준 생가(강원도 강릉시)

▎ 조선 중기 사색당파, 붕당 정치가 전개되다 ▎

임진왜란과 병자호란 이후 조선은 사회 곳곳에서 변화의 움직임이 일어났습니다. 영조와 정조는 붕당 정치의 폐단을 막기 위해 탕평책을 실시하여 정국을 안정시키고, 각종 개혁 정책을 펼쳐 백성들의 생활을 안정시켰습니다.

　　당파는 선조 때 처음으로 정치적 입장에 따라 생기나면서 동인, 서인으로 분파가 일어났습니다. 이후 서인들이 대거 축출되면서 동인들이 정권을 장악하게 되는데, 동인들 사이에서도 뜻이 갈라져

▶ 선조 이후 분파된 당쟁 구도

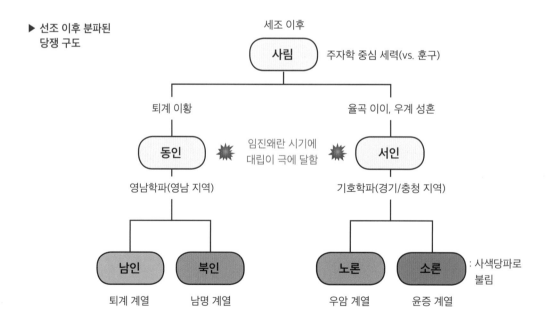

1742
탕평비 제작

1776
정조 즉위,
창덕궁 내에
규장각 설치

1794
수원 화성
건축 시작
(*1796년
완공)

더 알아봅시다

1차, 2차 예송 논쟁 예송(禮訟)은 현종 때 효종과 효종비의 국장과 관련해 자의대비의 상복 문제로 일어났습니다. 궁중의례의 적용을 두고 벌어진 논쟁은 이전에도 있었지만, 1659년의 1차 기해예송과 1674년 2차 갑인예송은 정국의 변화에 큰 변수로 작용하였습니다.

1차 예송 논쟁은 인조의 차남으로 왕위에 올랐던 효종이 죽자 그 어머니인 자의대비(장렬 왕후 조씨)가 얼마 동안 상복을 입어야 하느냐는 문제를 둘러싸고 일어났습니다. 서인은 효종이 자의대비의 차남이므로 1년 동안 상복을 입어야 한다고 주장했고, 남인은 효종이 차남이었지만 왕이 되었으므로 장남과 같이 대우하여 3년간 상복을 입어야 한다고 맞섰습니다. 서인은 신권 중심 정치를 지향하였기 때문에 왕실도 사대부와 같이 주자가례에 따라야 한다는 것이었고, 이와 달리 왕권을 중시했던 남인은 왕실의 예가 사대부와 달라야 한다고 주장한 것입니다. 결국 서인의 주장이 채택되어 정치의 주도권을 잡게 되었습니다.

효종께서는 둘째 아들로서 왕위를 이으셨으니, 대비께서는 1년간 상복을 입으셔야 합니다.

효종께서는 왕이십니다. 일반 사대부와 예법을 같이 할 수 없지요. 대비께서는 3년간 상복을 입으셔야 합니다.

서인

남인

2차 예송 논쟁은 효종의 아들 현종이 왕위에 오른 뒤 효종의 왕비였던 인선 왕후가 죽자 시어머니인 자의대비가 얼마 동안 상복을 입어야 하는지를 두고 벌어졌습니다. 주자가례에서는 첫째 며느리는 1년, 둘째 며느리는 9개월간 장례의 예를 치르도록 했습니다. 여기서 서인은 9개월, 남인은 1년을 주장하였습니다. 역시나 효종을 차남으로 보았던 서인은 인선 왕후를 둘째 며느리로 본 것이고, 효종을 장남 대우하던 남인은 왕후를 장자의 며느리로 본 것입니다. 2차 논쟁은 남인의 승리로 끝났습니다.

북인과 남인으로 나뉘게 되었습니다. 이를 사색당파의 시작이라고 볼 수 있습니다. 이러한 붕당의 분화는 학연에 따른 정책과 이념의 차이에서 비롯된 것이었습니다.

북인은 광해군 때 대거 등용되어 권력을 독점하려고 갈등관계에 있던 영창대군을 죽이고 인목대비를 폐비시키는 등 정치적 무리수를 두었습니다. 이로 인해 서인이 인조반정을 일으키고 광해군과 북인을 모두 제거하였습니다. 정권을 잡게 된 서인은 왜란 이후 최고 정치 기관으로 떠오른 비변사를 장악하여 정치를 주도하였고, 중앙 군영의 병권도 장악하여 권력 유지를 위한 군사적 기반도 구축하였습니다.

그리고 서인을 요직에 등용한 인조는 남인의 영수인 이원익을 영의정에 임명함으로써 남인도 정치에 참여하는 것을 허용하였습니다. 이로써 붕당 정치는 한동안 서인이 주도하고 남인이 참여하는 형태로 전개되었습니다. 그러나 현종 때부터 서인과 남인의 대립이 심화되고 두 차례에 걸친 예송이 일어나게 되면서, 처음에는 서인이 대세인 듯 하였으나 숙종(肅宗)이 즉위하면서 남인들이 정권을 잡게 되었습니다.

▌붕당 정치의 격화로 이인좌의 난이 일어나다 ▌

숙종은 붕당 간의 다툼을 이용하여 왕권을 강화시키려 노력하였습니다. 그래서 서인과 남인이 서로 공존하는 정권을 추구하였습니다. 그러나 서인과 남인이 번갈아 집권하면서 상대방에 대한 탄압과 보복을 반복하자 공존의 원리는 무너지고 공론은 당파의 이익을 대변하는 데 이용되었습니다. 특정 붕당이 권력을 독점하는 행태들이 나타난 것입니다. 이 과정에서 경신환국으로 남인들이 대거 쫓겨나고 서인들이 다시 정권을 장악하였습니다. 그리고 서인들 사이에서

경신환국 경신환국(庚申換局)은 2차 예송 논쟁으로 정권을 잡았던 남인이 정치적으로 실각하게 된 사건을 가리킵니다.

1680년 남인의 영수였던 영의정 허적의 집에 조부의 시호를 맞이하는 잔치가 열리게 되었는데, 마침 비가 내려 숙종이 임금만 사용하던 기름 먹인 천막(유악)을 보내려 하였습니다. 그런데 허적이 이미 이것을 가져가서 사용하고 있음을 알고 크게 노하게 되었습니다. 이로 인해 숙종은 남인이 쥐고 있던 군권을 서인에게 넘기는 인사 조치를 단행하게 되고, 그 결과 서인이 실권을 장악하게 되었습니다. 이후 서인은 남인을 철저히 탄압하여 붕당의 기본 원리인 상호 견제와 비판을 무너뜨리고 일당 전제화 정치를 실시하였습니다.

또 의견이 나뉘면서 노론과 소론으로 갈라졌습니다.

이러한 붕당 간의 극심한 대립으로 왕권마저 위협을 받게 되자 숙종은 탕평론(蕩平論)을 제기하였습니다. 탕평론은 붕당 간의 세력 균형을 유지해 왕권을 강화하고 정국을 안정시키기 위한 대안책이었습니다. 그러나 숙종의 탕평책은 제대로 시행되지 못했고, 오히려 환국의 빌미만 제공하여 과격한 무력을 사용하는 사태까지 벌어지게 되었습니다. 바로 이인좌의 난입니다.

이인좌의 난은 1728년 영조(英祖) 즉위 4년에 정권에서 배제된 소론과 남인의 과격파가 서로 연합하여 정권탈취를 기도한 사건이었습니다. 이 해가 무신년이었기 때문에 '무신란'이라고도 합니다. 이를 계기로 영조는 붕당의 심각함을 느끼게 되었고 즉위 초기부터 주창해 온 탕평책의 실시는 더욱 명분이 강화되었습니다. 이로써 왕권의 강화와 정국의 안정을 도모할 수 있게 된 것입니다.

영조, 정조의 탕평 정치 실시로 조선이 부흥하다

영조는 탕평파를 적극 육성하여 이들을 중심으로 정국을 이끌어 갔습니다. 임금과 신하 사이의 의리를 강조하고 인재를 고르게 등용

사화(士禍)란?

사화는 조선시대에 사림(士林)들이 입은 화(재앙)라는 뜻으로, 조정의 신하나 신진학자들 간의 세력 다툼을 말합니다. 무오사화, 갑자사화, 기묘사화, 을사사화 등이 대표적입니다.

하는 탕평책이 빛을 발하게 된 것입니다. 이로 인해 강화된 왕권을 바탕으로 노론과 소론 사이의 세력 균형을 맞추어 정쟁을 억제하고 정국을 안정시켰습니다. 무엇보다 혼란의 원인인 붕당의 뿌리를 제거하기 위해 그 본거지인 서원을 대폭 정리하고 인사 행정을 담당하던 전랑(銓郞)의 권한도 약화시켰습니다. 영조는 이러한 의지를 탕평비에 새겨 강조하기도 하였습니다. 이러한 영조의 탕평책은 재위 중반 때 확고하게 자리잡아가는 듯했지만, 파당을 온전히 제거하지는 못했습니다. 노론의 무고(誣告)에 의해 장헌세자(사도세자)가 뒤주에 갇혀 죽은 사화도 당쟁으로 인한 것이었습니다.

또한 영조는 백성을 위한 정치를 펼쳤습니다. 형벌 제도를 개선해 가혹한 형벌을 없애고, 신문고를 부활시켜 백성의 억울함을 풀어 주었습니다. 신분제도도 고치고 균역법을 실시해 백성의 군역 부담을 줄이기도 하였습니다. 금주령을 내리고 근검절약을 강조하는 등 백성의 마음을 잘 헤아리며 나라를 다스린 것입니다.

영조의 탕평정책으로 붕당 간의 갈등이 잠시 누그러졌지만 영조 말년에는 탕평책의 후원 세력으로 중용되었던 외척 세력의 힘이 강해지면서 새로운 문제가 드러나기도 합니다. 또 사도세자의 죽음을 둘러싸고 다시 붕당 간의 갈등이 시작되자 정조(正祖)는 탕평책을 더 적극적이고 강력하게 추진해 나가면서 왕권을 굳건히 했습니다.

외척 세력을 제거한 정조는 노론·소론·남인을 평등하게 관직에 기용하는 탕평책을 실시하였습니다. 또 자신의 권력과 정책을 뒷받침하기 위해 규장각을 설치하고 관리를 재교육하였으며, 친위부대인 장용영(壯勇營)을 설치하였습니다. 그리고 자신의 정치적 이상을 담아 수원에 화성(華城, 1796)을 건립하였습니다.

정조는 당쟁에 휘말려 왕위에 오르지 못하고 뒤주 속에서 운명을 다한 아버지 사도세자의 능침을 조선 최대의 명당인 수원 화산으로 이관하고, 화산 부근에 있던 읍치를 수원 팔달산 아래 지금의 위치로 옮기면서 화성을 축성하였습니다. 따라서 수원 화성은 정조의

'탕평'이라는 이름의 유래와 탕평채 탕평(蕩平)은 중국 한나라 때의 경전 『상서(尚書)』의 '무편무당(無偏無黨) 왕도탕탕(王道蕩蕩) 무당무편(無黨無偏) 왕도평평(王道平平)'이란 말에서 유래됐습니다. 어느 한쪽으로 치우치지 않아야 왕도가 넓고 공평하게 펼쳐진다는 뜻입니다. 영조는 왕위에 오르자 붕당 사이의 균형을 이루기 위해 탕평책을 실시하였는데, 이러한 의지는 탕평비나 탕평채에도 잘 반영되어 있습니다.

탕평비는 1742년에 '신의가 있고 아첨하지 않는 것은 군자의 마음이요, 아첨하고 신의가 없는 것은 소인의 사사로운 마음이다(君子周而不比 小人比而不周 周而弗比 乃君子之公心 比而弗周 寔小人之私意)'라는 문구를 친히 새긴 탕평비를 성균관에 세웠습니다.

▼ 탕평비, 탕평비각

또 여러 가지 음식 재료가 고루 들어간 탕평채(蕩平菜)라는 음식을 만들어서 신하들에게 하사하게 하였습니다. 탕평채는 채를 썬 청포묵에 쇠고기와 미나리 등을 같이 담아 간장, 참기름, 식초로 버무린 후 잘게 썬 노란 지단과 김, 고추를 고명으로 얹어 먹는 궁중 음식입니다. 영조 때 만들어진 이 요리는 흰색의 청포묵이 서인, 붉은색의 쇠고기가 남인, 푸른색의 미나리는 동인, 검은색의 김은 북인을 의미하기도 하고, 음양오행 사상의 동서남북을 의미하기도 합니다. 다시 말해서 서로 다른 맛과 향의 재료를 섞어서 맛있는 음식을 만들듯이, 각 붕당이 조화를 이루어 정국을 안정되게 이끌어 가자는 의미라고 할 수 있습니다.

◀ 탕평채

규장각과 존경각 규장각(奎章閣)은 조선 왕실의 도서관 기능을 담당한 곳이었습니다. 정조는 이곳을 강력한 정치 기구로 육성하고자 비서실 기능을 부여했고, 과거 시험과 관리 교육까지 담당하게 하였습니다. 규장각에서 서책을 담당한 사람을 검서관(檢書官)이라 하였는데, 양반 서얼 가운데 학식과 재능이 가장 탁월한 사람을 발탁하였습니다.

▲ 성균관 내에 위치한 존경각

존경각(尊經閣)은 조선의 국립대학인 성균관의 도서관으로 성종 때 설립되었습니다. 존경각에서 서책을 담당한 관리는 책색관(冊色官)이라 불렸는데, 시대에 따라 사예(司藝, 정4품)·전적(典籍, 정6품)·학정(學正, 정8품) 등의 관원이 업무를 담당하도록 하였습니다.

효심이 축성의 근본이 되었을 뿐 아니라 당파정치의 근절과 강력한 왕도정치의 실현을 염원한 정조의 원대한 정치적 포부가 담긴 곳입니다. 또 수도 남쪽의 국방 요새로 활용하기 위한 것이기도 하였습니다.

또한 수원 화성은 군사적 방어 기능과 함께 상업적 기능이 같이 고려되었고, 동서양의 축성술이 집약된 과학적이면서 실용적인 구조를 갖추고 있습니다. 특히 정조의 명을 받아 화성을 설계, 축조

▼ 수원 화성

한 정약용˙은 실학 정신을 바탕으로 과학 기술을 중시하는 실용적인 정신을 발휘하게 되었습니다. 이때 개발된 거중기는 도르래의 원리를 이용한 수동식 크레인으로 당시 중국의 것보다 4배 이상의 무게를 들어올릴 수 있었습니다. 이러한 기계의 이용으로 새로운 재료인 벽돌을 사용해 기능성도 높고 아름다운 건축물을 지을 수 있었습니다. 수원 화성은 실로 조선시대 최고의 건축물로 평가받으며 1997년에 유네스코 세계문화유산에 등재되었습니다.

‖ 양반 중심의 신분제가 동요하기 시작하다 ‖

조선의 신분 구조는 양반, 중인, 상민, 천민의 네 가지 신분으로 구분되어 있었습니다.

양반은 본래 문반과 무반 관리를 아울러 부르던 명칭이었는데, 시간이 흐르면서 문·무반직을 갖고 있던 자는 물론이고 그 가족들까지도 양반으로 부르게 되었습니다. 양반은 최고 지배층으로 자리 잡으면서 군역을 면제받고, 과거시험과 음서제도˙, 천거를 통해 고위 관직에 올라 여러 가지 특권을 누렸습니다. 경제적으로는 조상으로부터 물려받은 토지와 노비, 그리고 관리가 되어 국가로부터 받은 과전과 녹봉을 바탕으로 풍요로운 생활을 누렸습니다.

중인은 넓은 의미로는 양반과 상민의 중간 신분을 뜻하고 좁은 의미로는 잡과를 통해 선발된 역관, 의관 등 기술관을 가리켰습니다. 이들은 지배층이 사족 중심의 상급 지배층과 기술관, 서리, 향리 등의 하급 지배층으로 양분되면서 점차 독립적인 신분을 이루었습니다. 양반으로부터 차별을 받았지만 전문 기술이나 행정 실무를 담당하였기 때문에 상민보다 지위가 높았고, 경제적으로는 재산을 많이 모아 양반 못지않게 부유한 생활을 하는 경우도 있었습니다.

상민은 농민과 수공업자, 상인을 말합니다. 이들은 평민 혹은

정약용(丁若鏞, 1762-1836)은?˙

정약용은 18세기 조선의 실학사상을 집대성한 실학자이자 개혁가입니다. 개혁과 개방을 통한 부국강병을 주장하였지만 정치적 탄압으로 유배를 가기도 했습니다. 그러나 좌절하지 않고 성실히 학문에 매진하여 《경세유표(經世遺表)》, 《목민심서(牧民心書)》, 《흠흠신서(欽欽新書)》 등의 많은 저술을 남겼습니다. 학자로서의 학식도 대단하지만 서양 학문을 받아들여 서양의 과학 지식을 조선에 도입하는 데에도 큰 역할을 했습니다.

음서제도 (蔭敍制度)란?˙˙

음서제도는 고려시대 문벌귀족에게 주어진 정치적 특권으로 고위 관리의 자제에게 무시험으로 관리가 될 수 있게 해주는 제도였습니다. 부모의 음덕을 통해 자식이 덕을 본다는 뜻으로, 조선에서도 답습되었습니다.

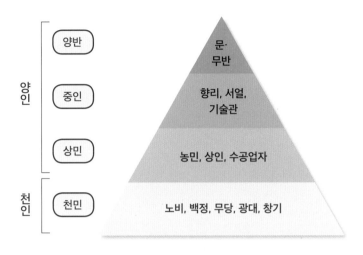

양인으로 불렸고 천민과 함께 피지배층을 이루었습니다. 상민의 대부분은 농민이었고 농민은 조세와 군역 등의 의무를 졌는데, 그 부담이 무거워 생활에 어려움을 겪기도 하였습니다. 수공업자와 상인은 상민이었지만 정부의 중농 정책으로 인해 농민보다 낮은 대우를 받았습니다. 그래서 조선시대에는 사농공상이라는 신분 서열을 나타내는 말이 생겼습니다. 상민은 과거를 통해 관직에 나갈 수 있었지만, 과거 준비에는 많은 시간과 비용이 들었기 때문에 현실적으로 쉬운 일이 아니었습니다. 따라서 신분이 올라갈 수 있는 기회가 많지 않았습니다.

천민은 최하층을 이루는 신분으로 대다수가 노비였습니다. 이외에도 백정, 광대, 무당 등이 해당되었습니다. 노비는 재산으로 취급되어 매매, 상속, 증여의 대상이 되었고 그 신분이 자손에게 세습되었습니다. 또 부모 중 한 명이 노비이면 그 자녀도 노비가 되었습니다.

임진왜란과 병자호란 이후 농업 생산력의 증대와 상품 화폐 경제가 발달되면서 부농층, 상업자본가, 독립 수공업자 등 부를 축

▼ 1905년 11월에 발급된
공명첩
ⓒ국립중앙박물관

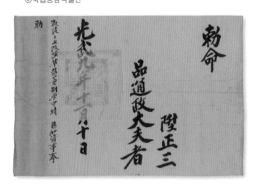

적한 새로운 계층이 나타났습니다. 반면 농민 중 대다수가 농토에서 밀려나 임노동자나 영세 상인으로 몰락하였습니다.

아울러 붕당 정치와 같은 정쟁이 치열해지면서 양반층도 분화 되었습니다. 이전처럼 중앙에서 정치권력을 차지하고 권세를 누리 는 양반도 있었지만, 다수의 양반은 중앙에 진출하거나 관직에 오 를 기회를 얻지 못한 채 향촌 사회에서 위세를 유지하는 향반에 머 물게 되었습니다. 일반 농민과 다를 바 없는 잔반으로 몰락하는 부 류도 있었습니다.

한편, 부유해진 상민은 공명첩*을 사거나 족보를 구매하는 등 의 방법으로 양반 신분을 취득하였습니다. 그 결과 상민의 수는 점 차 줄어들고 양반의 수가 늘어났습니다. 이처럼 경제적으로 몰락한 양반이 늘어나는 반면 부를 축적한 상민이 신분 상승을 추구하게 되면서 양반 중심의 신분 질서가 크게 동요하였습니다.

▌ 중인층이 부상하고 노비제가 해체되다 ▌

양반 중심의 신분 질서가 동요하는 가운데 특히 중인층의 신분 상 승을 위한 움직임이 활발해 졌습니다. 양반의 자손 가운데 첩의 소 생은 왜란 후 시행된 납속책과 공명첩을 이용해 관직에 나아갔습 니다. 여러 차례에 걸쳐 상소를 올려 홍문관과 같은 청요직**에 진 출하는 것을 허용해 달라고 요구하기도 하였습니다. 그러한 노력의 결실로 정조 때 유득공(柳得恭), 박제가(朴齊家), 이덕무(李德懋) 등이 규장각의 검서관으로 기용되기도 하였습니다.

기술직의 중인도 관직 진출의 제한을 없애 달라는 소청 운동을 벌였습니다. 그러나 성과를 거두지 못하고, 이들은 경제력과 전문 지식을 토대로 문화와 예술 분야에서 독자적인 문화를 향유하게 됩 니다. 서양 문물을 소개하고 개화사상의 형성에도 기여하였습니다.

공명첩(空名帖) 이란?*

공명첩은 조정에서 부 유한 사람들에게 재물 을 받고 형식상의 관 직을 부여해 주기 위 해 발급했던 임명장이 었습니다. 다른 일반적 인 임명장과는 다르게 이름 부분이 비어 있 었기 때문에 공명(空 名)이라는 말이 붙었 습니다. 공명첩을 통해 관직을 주는 것 외에 도 양역(良役) 등을 면 제해 주기도 했습니다.

청요직(清要職) 이란?**

청요직은 말 그대로 청 렴해야 하는 중요한 자 리라는 뜻입니다. 조선 시대의 삼사(사헌부, 사 간원, 홍문관)의 관리가 주축을 이루고 이조 정 랑과 병조 좌랑, 예문관 한림 등이 포함되었습 니다. 주로 문과 급제자 가 진출하였고, 언제라 도 왕과 대신들을 대상 으로 간쟁과 탄핵을 제 기할 수 있었습니다. 이 를 통해 왕권과 재상의 권력을 견제했습니다.

신공(身貢)이란?

신공은 노비가 직접 노동력을 제공하는 대신 매년 소속 관서 혹은 주인에게 바치는 일정한 액수의 공물을 말합니다.

조선 후기에는 노비의 신분 상승 노력도 활발히 전개되었습니다. 노비는 군공과 납속을 통해 양인이 되기도 하였지만, 신분제의 속박에서 벗어나기 위해 도망을 가는 경우가 많았습니다. 정부에서는 신공˚을 줄여 노비의 도망을 막고 도망간 노비를 찾아내려 했지만 큰 성과를 볼 수 없었습니다. 한편, 정부는 상민의 감소로 부족해진 군역 대상자를 늘리고 재정을 보충하기 위해 노비를 서서히 풀어 주는 정책을 폈습니다. 영조 때에는 아버지가 노비라도 어머니가 양인이면 그 자녀가 양인이 되는 노비종모법을 확정해 노비의 신분 상승 기회를 넓혀 주었습니다. 순조 때에는 중앙 관서에 속해 있던 6만여 명의 공노비를 해방시켜 주기도 했습니다. 그 결과 노비의 수가 점차 줄어들면서 노비 제도는 해체되어 갔습니다.

 더 알아봅시다

새로운 과학 기술의 발달 조선시대의 과학은 중국을 통해 서양 과학 기술이 수용되어 후기가 되면서 크게 발전하였습니다. 청에서 사용되던 서양 역법인 시헌력(時憲曆)이 도입되었고, 세계 지도인 곤여만국전도(坤與萬國全圖)가 전래되어 조선인의 세계관이 확대되기도 하였습니다. 김석문(金錫文), 홍대용(洪大容) 등은 지전설을 주장하여 중국 중심의 세계관을 비판하는 근거를 제공하였습니다. 의학에서는 허준(許浚)과 이제마(李濟馬) 등을 중심으로 자주적인 의학 연구가 진행되었고, 서양 의학도 전해져 종두법이 실험되기

▲ 허준, 동의보감

도 하였습니다. 허준의 《동의보감(東醫寶鑑)》은 동아시아 의학을 집대성한 것으로 평가받아 세계기록유산으로 등재되었습니다.

연암 박지원의 《양반전》과 《호질》 박지원(朴趾源)은 조선 후기 실학자 겸 소설가로 호는 연암입니다. 청나라를 기행하며 쓴 《열하일기(熱河日記)》에서는 청나라 문화를 소개하고 당시 조선의 정치, 경제, 사회, 문화 등 다양한 방면에 걸쳐 비판과 개혁을 전개하였습니다.

연암 박지원은 《양반전(兩班傳)》, 《호질(虎叱)》 등 다양한 한문 단편 소설을 짓기도 하였습니다. 특히 《양반전》에서는 조선 후기의 사회상을 신랄하게 풍자하고 있습니다. 시대적 변화의 흐름에 맞지 않는 사회적 모순을 안고 몰락하는 양반과 부상하는 평민을 등장시켜 해학적으로 그려내고 있는 이 작품은 무능한 양반과 경제적으로 부를 축적해 부자가 된 평민 사이에서 이루어진 양반 문서 매매 사건을 다루고 있습니다.

《호질》은 '호랑이가 질책하다'라는 뜻으로, 호랑이가 의인화된 인물로 등장해 당시 양반 계층의 부패한 도덕관념과 허위의식, 부도덕성을 풍자하고 있습니다.

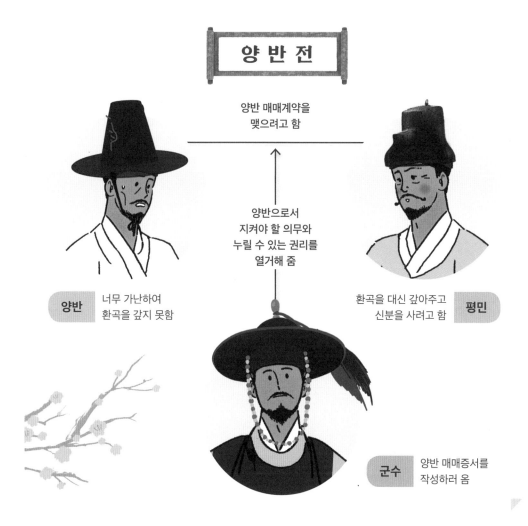

양반전

양반 매매계약을 맺으려고 함

양반으로서 지켜야 할 의무와 누릴 수 있는 권리를 열거해 줌

양반 너무 가난하여 환곡을 갚지 못함

환곡을 대신 갚아주고 신분을 사려고 함 평민

군수 양반 매매증서를 작성하러 옴

시청해 봅시다

영조, 정조의 개혁정책 이후 가장 두드러진 변화는 무엇일까요? 관련 영상을 감상해 보고 함께 생각해 봅시다.

- 드라마 〈동의보감〉, MBC(1991)
- 드라마 〈이산〉, MBC(2007-2008)
- 드라마 〈구암 허준〉, MBC(2013)
- 드라마 〈대박〉, SBS(2016)
- 영화 〈장희빈〉(1961)

- 영화 〈양반전〉(1966)
- 영화 〈사도〉(2015)
- 영화 〈역모-반란의 시대〉(2017)
- 영화 〈역린〉(2015)

서민문화의 융성

이런 것들을 배워 봅시다

조선시대는 후기로 갈수록 양반 중심의 신분제 사회에서 오는 폐해를 드러냈습니다. 이와 함께 발달한 것이 서민문화입니다. 특히 미술, 문학, 음악, 공연 등 여러 예술 분야에서 서민들의 삶과 목소리를 담아내기 시작한 것이 이 시기의 주요한 흐름입니다. 이 흐름 속에서 풍속화, 민화, 한글소설, 판소리, 탈춤 등이 시대를 풍미하게 되었습니다.

- 풍속화의 발달 과정을 이해하고, 조선 후기의 미술 작품을 감상해 봅시다.
- 한글소설에 투영되어 있던 서민들의 욕구와 문제의식을 이해해 봅시다.
- 판소리나 탈춤의 종합예술적 성격을 이해해 봅시다.

찾아가 봅시다

▼ 조선시대 후기 예술

- 국립중앙박물관-풍속화실
  (서울시 용산구)
- 가회민화박물관
  (서울시 종로구)

- 박동진 판소리전수관
  (충청남도 공주시)
- 안동 하회마을-국제 탈춤 페스티벌
  (경상북도 안동시)

풍속화, 서민의 삶을 담다

풍속화란 인간의 일상생활을 그려낸 것으로 정의할 수 있습니다. 따라서 큰 틀에서 보자면 풍속화는 시대의 구분 없이 존재해온 미술 양식입니다. 하지만 18세기 후반이 되어 조선의 풍속화는 일대 도약을 맞이합니다. 기존의 풍속화는 왕실이나 조정의 행사를 묘사하거나 유교의 가치를 전파하는 교육적 성격도 다분했습니다. 그러나 윤두서(尹斗緖), 조영석(趙榮祏), 강희언(姜熙彦) 등 문인화가의 활약에 의해 심미성과 개성적 측면이 강화되었고, 이후 김홍도, 김득신, 신윤복이라는 걸출한 화원 화가들이 등장하면서 마침내 조선 풍속

▼ 김홍도
〈씨름〉
ⓒ국립중앙박물관

▼▶ 김홍도
〈서당〉
ⓒ국립중앙박물관

1812	1964	1969	2003
판소리 이론가 신재효 출생	판소리, 중요무형문화재 제5호로 지정	봉산탈춤, 중요무형문화재 제17호로 지정	판소리, 유네스코 인류무형문화유산 등재

화의 수준은 정점에 이르게 되었습니다.

자타 공인 조선 최고의 풍속화가는 김홍도(金弘道, 1745-?)입니다. 그는 풍속화뿐 아니라 인물화, 산수화, 불화 등 다방면에서 두각을 드러냈지만, 특히 조선의 풍속화를 새로운 경지로 끌어올린 인물로 유명합니다. 20대 초반부터 일찌감치 최고로 공인된 그의 풍속화에는 두 가지 특징이 있었습니다. 하나는 서민들의 생활상을 다채롭고 사실적으로 그려낸 것입니다. 또 하나는 그림에 해학적 요소가 풍부하다는 것입니다. 예를 들어 〈서당〉이라는 풍속화는 훈장에게 회초리를 맞은 학동과 그를 구경하는 이들의 표정 묘사가 백미입니다. 김홍도의 화풍은 김득신(金得臣)이나 신윤복(申潤福, 1758-?) 등에게도 큰 영향을 미치게 됩니다.

▼ **신윤복 〈풍속산수화〉**
ⓒ국립중앙박물관

신윤복은 분명 김홍도의 영향을 받았지만 풍속화의 또 다른 경지를 개척한 인물입니다. 그의 그림에는 부녀자나 기녀 등이 자주 등장하며, 남녀 간의 애정이 농밀하게 묘사되어 있다는 특징이 있습니다. 배경의 묘사가 그 어떤 작가보다 세밀했으며, 색채의 사용도 탁월했습니다. 이러한 신윤복만의 장점은 세인들로 하여금 그를 김홍도에 비견되

민화 민화(民畵)는 조선 후기 서민층에 유행한 실용화를 통칭하며 병풍, 벽, 족자 등을 장식하는 데 주로 붙였던 그림입니다. 정통 회화에 비하면 수준이 낮다는 평가를 받았는데, 정식 그림 교육을 받지 못한 이들이 기존 유형을 모방하여 그린 경우가 많았기 때문입니다. 그러나 서민들의 일상생활 속에 늘 밀착되어 있던 양식이어서, 민화야말로 한국의 전통적 미를 효과적으로 재현해 냈다는 평가도 있습니다. 민화는 어디에 장식하느냐, 어떤 용도로 사용하느냐에 따라 여러 종류로 나뉘는데, 일반적으로는 화조령모도·십장생도·산수도·어해도·작호도·풍속도·고사도·문자도·책가도·무속도 등을 주요 갈래로 보고 있습니다.

◀ 민화 책가도 병풍
ⓒ국립중앙박물관

는 풍속화가로 인정하게 하였습니다.

　이렇듯 조선 후기의 풍속화는 다양한 개성을 지닌 화가들의 활약 속에서 장족의 발전을 이루고 있었습니다. 아울러 그 풍속화 중 상당수가 지금도 전해지고 있어서, 당대의 미술과 서민들의 생활상을 이해하는 데에 큰 시사점을 주고 있습니다.

▍한글소설, 신분제를 극복하는 상상력을 담다 ▍

조선 후기에 유행한 한글소설은 서민을 위한 문학이라는 것이 통설입니다. 누구나 쉽게 익히고 사용할 수 있는 것이 한글의 대표적인 특징이기 때문입니다. 조선시대 양반들은 소설이라는 장르보다 한문으로 시를 짓는 것이 보다 품격 있는 사대부의 예술적 실천이라고 생각했습니다.

대표적인 한글소설로는 허균(許筠)의 《홍길동전》과, 원작가 미상의 《춘향전》, 《장화홍련전》, 《흥부전》 등을 들 수 있습니다. 최초의 한글소설로 꼽히는 《홍길동전》은 서자 출신의 주인공 홍길동이 의적이 되어 탐관오리를 벌하고 가난한 이들을 돕다가 결국 새로운 나라를 세우는 이야기를 담고 있습니다. 《춘향전》 역시 기생의 딸 춘향과 양반 이몽룡의 애절한 사랑 이야기가 중심입니다. 두 소설의 공통점은 양반 중심의 계급사회였던 조선시대에 오히려 서민 주인공이 큰 활약을 펼친다는 데 있습니다. 이러한 이야기의 유행에는 신분 제약에 대한 서민들의 불만과 문제의식이 그 배경에 깔려 있을 것입니다. 소설의 창작자들이 한글소설을 통해 일종의 대리만족을 제공할 수 있었던 셈입니다.

이러한 한글소설은 서민들의 사랑을 듬뿍 받았고, 그러한 전통은 근대적 인쇄기술과 활자본의 시대였던 일제강점기까지도 이어지게 되었습니다. 서구문학의 영향을 받은 새로운 작품들이 대거 등장한 그 시대에도 가장 많이 팔린 책은 여전히 《춘향전》이었다고 합니다.

탐관오리 (貪官汚吏)란?
탐관오리는 관리 중에서 탐욕스럽고 행실이 나쁜 이들을 뜻합니다.

▼ **홍길동전** ⓒ국립중앙박물관

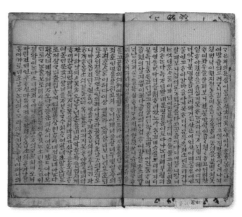

명창(名唱)이란?

명창은 노래를 뛰어나게 잘 부르는 사람을 뜻합니다. 주로 판소리계에서 높은 경지에 이른 사람을 일컫는 용어였으나, 지금은 보다 확장된 의미로 사용되고 있습니다.

▼ 명창 이동백
(1867-1949)

▌판소리와 탈춤, 조선을 대표하는 서민 종합예술로 탄생하다 ▌

또 다른 서민 예술로 판소리와 탈춤을 들 수 있습니다.

판소리는 종합적인 예술입니다. 노래가 있고, 이야기가 있으며, 연극적 요소도 있습니다. '판'은 마당을, '소리'는 창을 뜻하는 만큼, 넓은 마당에서 소리꾼이 노래를 부르는 것이 기본이지만, 북 반주와 추임새를 담당하는 고수가 함께 하는 것이 특색입니다. 이들의 호흡이 일종의 연극적 요소가 되는 것입니다. 소리꾼은 이야기와 노래를 적절한 호흡으로 배치하여 청중들의 마음을 사로잡았습니다. 탁월한 소리꾼에게는 명창의 칭호를 주기도 했습니다. 판소리는 서민층에서 발원했지만 그 인기가 양반층에게까지 전해져 결과적으로는 모든 계층이 향유했다고 합니다. 판소리는 본래 열두 마당이라 하여 열두 가지가 있었습니다. 그러나 오늘날 전해지는 것은 아쉽게도 춘향가, 심청가, 흥보가, 수궁가, 적벽가 등 다섯 가지뿐입니다. 판소리는 일제강점기에 들어와 쇠락기를 맞기도 했지만, 1960년 무형문화재 제5호로 지정되는 등 범국가적 차원에서 보전

▼ 판소리

판소리의 4대 요소 판소리는 크게 네 가지 요소로 구성되어 있습니다. 첫째는 '소리', 즉 창입니다. 둘째는 '아니리'로서, 소리꾼이 창과 창 사이에 넣는 말이 이것입니다. 셋째는 '발림' 혹은 '너름새'라고 부르는 소리꾼의 몸동작입니다. 넷째는 '추임새'로서, 북을 치는 고수가 "얼쑤", "좋다" 등으로 소리꾼의 흥을 돋우는 대목을 말합니다.

하고 있는 한국의 대표적인 전통 예술입니다.

서낭굿이란?

서낭굿은 마을의 수호신에게 지내는 제사를 뜻합니다.

　탈춤 역시 판소리와 마찬가지로 종합예술의 성격을 갖고 있습니다. 탈춤에는 온갖 종류의 인간 군상과 각종 직업군 등 다양한 부류의 인물과 계층이 등장하고 때로는 원숭이, 사자 같은 동물들이 나오기도 합니다. 이들은 각기 탈을 쓰고 자신의 이야기를 합니다. 음악이 포함되어 있는 것도 판소리와 닮은 점이라고 할 수 있습니다. 하지만 탈춤의 연극적 요소는 판소리의 그것보다 훨씬 풍부합니다.

　더 큰 차이점은 '춤'일 것입니다. 탈춤의 춤에는 이야기가 포함되어 있습니다. 유명한 하회 탈춤은 하회 지역의 마을굿이나 서낭굿 을 할 때 추던 춤이었습니다. 한편 봉산 탈춤이나 고성 오광대 등 마을굿과는 관계없이 장이 열리는 곳에서 주로 열리던 탈춤도 있었습니다. 하회 탈춤의 경우 양반은 누구나 비웃을 법한 바보로 그려집니다.

◀ 봉산 탈춤(일제강점기)
ⓒ국립중앙박물관

▲ 탈
▲▶ 남해도 굿(1914)
ⓒ국립중앙박물관

엄격한 신분제 사회에서 늘 억압받던 천민들이 양반에 대한 분노를 해소하는 통로가 바로 탈춤이었습니다. 큰 틀에서 보자면 한글소설도 마찬가지일 것입니다. 신분제에 위배되는 듯한 이러한 서민문화가 허용된 이유는 그 분출구의 존재가 체제 유지에 도움이 된다는 지배층의 판단이 있었기 때문일 것입니다. 그런가 하면, 시장에서 열리는 탈춤은 흥행이라는 또 다른 목적을 갖고 있기도 했습니다. 장에서는 사람이 많이 모일수록 상인들에게 큰 도움이 됩니다. 이때 탈춤은 상당한 위력을 발휘했던 것입니다.

📶 시청해 봅시다

조선 후기의 서민문화는 어떤 특징을 갖고 있었을까요? 관련 영상을 감상해 보고 함께 생각해 봅시다.

- 드라마 〈바람의 화원〉, SBS(2008)
- 영화 〈서편제〉(1993)
- 영화 〈왕의 남자〉(2005)
- 영화 〈도리화가〉(2015)

실학의 발달과
그 갈래

이런 것들을 배워 봅시다

실학의 발달은 조선 후기의 학문적 흐름 속에서 가장 중요한 현상 중 하나입니다. 성리학적 근본주의가 심화되어 간 조선 후기 사대부들은 고담준론(高談峻論) 속에서 백성들의 현실적 필요를 망각하기 일쑤였습니다. 이에 대한 반발로 조선 후기에 이르러 실용성을 장착한 학문이 유행하기 시작했습니다. 여러 우수한 학자들이 각기 다른 방식으로 전개한 실학은 대개 외부의 학문과 기술을 적극적으로 활용하고 백성이 먹고살아 가는 문제를 개혁하기 위해 고심했다는 공통점을 지닙니다.

• 실학의 갈래를 이해하고 핵심적인 학자들이 남긴 학문적 유산을 알아봅시다.
• 실학을 선도했던 이들의 연구와 실천을 목격할 수 있는 유적지나 박물관을 견학해 봅시다.

찾아가 봅시다

▼ 실학 관련 유적

• 다산문화관·실학박물관
  (경기도 남양주시)
• 성호기념관(경기도 안산시)

• 수원 화성(경기도 수원시)
• 다산초당(전라남도 강진군)
• 녹우당(전라남도 해남군)

1681
《성호사설》
저자, 이익
출생

1762
정약용 출생

1766
홍대용,
청나라 견문

1778
박제가
《북학의》저술

**에도(江戶)
시대란?**

에도 시대는 일본의 시대 구분으로서, 1603년 도쿠가와 이에야스(德川家康)가 정권을 잡고 에도 막부를 연 후 메이지 천황에게 정권을 돌려준 1867년까지를 뜻합니다.

경학(經學)이란?

경학이란 사서오경(四書五經)으로 대변되는 경전 연구에 중심을 둔 학문을 뜻합니다.

▌ 실학이란 무엇인가 ▌

'실학(實學)'을 문자 그대로 풀어 보자면 '실제로 사용 가능한 참된 학문'이라는 뜻입니다. 이에 대립되는 개념은 공리공론을 뜻하는 '허학(虛學)'이라 할 수 있을 것입니다. 따라서 기본적으로 특정 시기의 학문을 지시한다기보다는 비판의 대상인 허학과 범주를 달리 한 상대적 개념으로 사용되어 왔습니다. 예를 들어 중국의 주희는 노장사상 및 불교를 비판하며《중용(中庸)》의 도리를 실학이라고 하였고, 명나라 때는 송·명 시대 이학(理學)의 학풍을 비판하는 맥락에서 실제 생활을 중시하는 것이 실학이었습니다. 한편, 일본에서 실학은 에도 시대에 성리학의 비실용성을 비판하고 서양의 과학 및 기술의 수용을 강조하는 가운데 사용된 말이었습니다.

한국에서의 실학 역시 고려 때부터 다양한 용례로 사용되어 왔습니다. 성리학자들은 주로 불교나 도교를 허학으로 비판하며 유교 자체를 실학으로 간주하였고, 고려 후기나 조선 전기에는 유학 중에서도 본령에 충실한 경학을 실학이라 하기도 하였습니다. 하지만 오늘날의 실학 개념은 17~19세기의 조선 후기에 유형원(柳馨遠), 이익(李瀷, 1681-1763), 정약용(丁若鏞, 1762-1836), 박지원(朴趾源), 홍대용(洪大容), 박제가(朴齊家), 이덕무(李德懋), 유득공(柳得恭), 최한기(崔漢綺) 등을 중심으로 나타났던 유학자들 사이의 새로운 학문 조류를 가리키는 말로 널리 인식되고 있습니다.

1780	1794	1801	1818
박지원, 청나라 견문	정약용이 설계한 수원 화성 건축 시작 (*1796년 완공)	정약용의 장기 유배 시작, 연구와 집필에 매진	정약용, 《목민심서》 저술

북학파, 청나라 문물의 흡수를 주창하다

북학파(北學派)는 청나라 문명의 우수성을 인식하고 그것을 배우자고 주장한 조선 후기 실학자들을 한데 일컫는 용어입니다. 이 용어는 박제가가 청나라의 풍속과 제도를 견문하고 돌아와서 기록한 《북학의》(1778)로부터 비롯되었습니다. 북학과 동일한 개념으로서 이용후생˙의 학문이라는 표현도 상용되었기 때문에 북학파를 '이용후생학파'로 부르기도 합니다. 청나라의 문물에 대해서는 박제가의 《북학의》 외에도 홍대용의 《을병연행록》, 박지원의 《열하일기》 등 연행사들의 기행문을 통해 주로 소개되었습니다. 유득공, 이덕무 등

**이용후생(利用厚生)
이란?˙**

이용후생은 편리한 기구를 잘 사용하여 먹고 입는 등 생계를 유지하는 데 부족함이 없도록 한다는 뜻입니다.

◀◀ 홍대용 초상

◀ 박지원 초상

연행록 연행록(燕行錄)은 보통 청나라를 다녀온 사신이나 수행원이 남긴 기록을 일컫는 개념으로 사용됩니다. 대개 외교의 문제, 문물제도, 생활양식, 견문과 교류에 관한 다양한 내용이 담겨 있어 사료적 가치를 인정받고 있으며, 일종의 기행문학으로서도 존재감을 뽐내고 있습니다.

《북학의》 《북학의(北學議)》는 박제가가 1778년 청나라를 시찰한 뒤 쓴 견문록으로서, 핵심적인 내용은 청나라를 본받아 상공업과 농경기술·농업경영을 개선하자는 데 있습니다. 이로써 생산력을 향상시킬 수 있으며 그것이 결국 백성이 잘 사는 길이라는 것입니다. 이 책이 조선 후기의 새로운 이념을 대표하는 위치에 있는 이유는, 당시까지 팽배하던 반청의식에 정면으로 맞서서 실용주의 노선을 천명했기 때문이기도 합니다.

《의산문답》 《의산문답(醫山問答)》은 홍대용의 자연관이 담겨 있는 과학사상서로서, 1766년 초에 60일간 베이징을 다녀온 경험을 토대로 저술되었습니다. 인류의 기원, 계급과 국가의 형성, 법률·제도 등에서부터 천문·산수·과학·지진·조석 등 다양하고 폭넓은 논의를 담고 있습니다. 지전설(地轉說)이 동양 처음으로 주장된 글로 평가되기도 합니다.

도 청나라의 문물에 관한 책을 썼기에 학계에서는 이들을 북학파로 통칭하고 있습니다.

이들은 일반적으로 상업 및 대외무역을 중시하였습니다. 또한 청나라가 먼저 도입하고 있던 농기구나 영농기술 등을 가져와 농업의 생산력을 증대할 것을 강력히 주장하기도 하였습니다. 가령 수레를 통한 유통 교류의 활성화와 벽돌을 활용한 토목과 건축 분야의 발달을 도모한 것을 들 수 있습니다. 한편 새로운 이론과 기술에 밝았던 북학파였기에 홍대용의 《의산문답》과 같이 서양의 과학 기술이나 자연과학에 비견되는 시도들이 발견되기도 합니다. 이러한 맥락에서, 북학파의 사상은 초기 개화파의 형성에 영향을 미친 것으로 평가됩니다.

이익, 제도 개혁에 근간한 사회 질서의 변혁을 꿈꾸다

성호 이익이나 다산 정약용 같은 남인계 실학자들은 전면적인 국가 개혁을 주장하기도 하였습니다. 이는 기술 혁신을 통한 상업의 활성화 및 농업 생산성의 증대를 강조한 북학파와는 차별화된 요소였습니다.

그중 이익은 토지개혁을 바탕으로 정치·경제·사회의 변화를 이끌어내고자 했던 인물입니다. 그와 제자들은 이익의 호를 딴 성호학파를 만들어 새로운 학풍을 일으켰습니다. 그가 제안한 한전론(限田論)은 개인의 토지 소유를 한정하고 많은 사람들의 균등한 토지 소유를 유도하여 빈부의 양극화 를 막는 데 목표가 있었습니다. 또한 백성들을 착취하는 구실이 되고 있는 환곡제도 대신 농민들이 자율적으로 운영할 수 있는 사창제 실시를 주장하기도 하였습니다. 무엇보다 그는 노비제를 혁파하고 양반을 경제 활동에 참여시켜 국

양극화란?

양극화란 서로 다른 계층이나 집단이 시간이 지날수록 더 차이를 나타내고 관계가 멀어지는 것을 말합니다. 연관성이 큰 표현으로 '빈익빈(貧益貧) 부익부(富益富)'가 있습니다.

▼ 안산시 성호기념관

《성호사설》《성호사설(星湖僿說)》은 성호 이익의 대표적 저술로서 평소에 기록해둔 생각 및 제자와의 문답 등이 주요 내용을 이루며, 총 5개 부분으로 되어 있습니다. 〈천지문(天地門)〉은 천문·자연과학·지리에 대해, 〈만물문(萬物門)〉은 의식주 생활과 화초·화폐·도량형·기구 등에 대해, 〈인사문(人事門)〉은 사회생활과 학문에 대해, 〈경사문(經史門)〉은 유교와 역사에 대해, 〈시문문(詩文門)〉은 시와 문장에 대해 다루었습니다. 백과전서 식 구성이 이 책의 형식적 특징입니다.

가 차원의 생산력 증대를 도모해야 한다고 보았습니다. 이러한 제도적 개혁은 국가의 통치 체계를 근본적으로 바꾸어야 하는 장기적 과제일 수밖에 없었습니다.

한편, 이익은 중국 중심의 세계관에 매몰된 이들을 비판하고 한국의 고유성 및 정통성을 발현하자고 주장하였습니다. 그의 이러한 입장은 자율성을 강조한 민족의식의 맹아적 단계를 보여주는 것으로 평가됩니다.

▼ 정약용 초상

정약용, 실학을 집대성하다

이익과는 세대를 달리하는 정약용 역시 남인 계열의 실학자였습니다. 하지만 이익을 계승한 중농주의적 입장뿐 아니라 북학파의 기술 중시 태도 또한 수용하여 사실상 조선 후기의 실학을 집대성한 인물이기도 합니다. 한국 역사에서 그를 뛰어넘을 학자는 거의 없는 것으로 평가받고 있습니다.

정약용은 일찍이 과거에 합격하여 관직에 나아갔습니다. 그러나 천주교 신앙이나 모함 등 여러 가지 이유로 반복적인 유배˚ 생활을 할 수밖에 없었습니다. 특히 1801년의 천주교 박해 때 유배를 당한 정약용은 약 18년간 중앙 정계에서 벗어나 있었는데, 이 시기에 학문 연구에 몰두하여 많은 저술을 남겼습니다. 그가 주장한 내용에는, 정치기구·지방 행정·과거제의 개혁, 농민의 토지 균점과 노동력에 의거한 수확의 공평한 분배, 노비제의 폐기 등 유형원과 이익을 잇는 내용이 많았습니다. 서양식 축성법을 기초로 한 성제(城制) 및 기중가설(起重架說)을 지어 수원성 설계에 기여한 데서도 알 수 있듯 과학지식을 도입하는 데도 앞장섰습니다. 이 외에도 한국의 역사·지리 등에 특별한 관심을 갖고 있었으며, 문학적 기재도 뛰어나 많은 작품들을 남기기도 하였습니다.

유배(流配)란?˚
유배는 죄를 지은 사람을 외딴곳에 귀양 보내는 일을 의미합니다.

▲ 거중기

▲ 화성성역의궤
ⓒ국립중앙박물관

《목민심서》《목민심서(牧民心書)》는 정약용의 민생 관련 대표 저작으로서, 조선 후기 지방의 사회 상태와 정치의 실제를 수령이 지켜야 할 지침과 결부시켜 상세하게 밝히고 있습니다. 총 48권 16책으로 된 필사본으로 전해지고 있습니다. 정약용의 학문적 역량이 가장 성숙할 때 저술된 명저로 널리 알려져 있기도 합니다.

▲ 목민심서 ⓒ국립중앙박물관

시청해 봅시다

조선 후기 실학의 특징은 무엇일까요? 역사적 상상력을 가미하여 실학자들을 다룬 바 있는 드라마와 영화들을 감상해 봅시다.

- 드라마 〈이산〉, MBC(2007-2008)
- 드라마 〈조선추리활극 정약용〉, OCN(2009)
- 드라마 〈성균관 스캔들〉, KBS(2010)

- 영화 〈조선 명탐정: 각시투구꽃의 비밀〉(2005)

제14강

혼란스러운 조선과 서구 열강의 충돌

이런 것들을 배워 봅시다

세도정치로 인한 정치계의 부정부패는 조선이 갈수록 쇠락할 수밖에 없었던 근본적인 원인이었습니다. 이에 새로이 정권을 잡은 흥선대원군은 비대해진 신권을 억누르고 왕권을 강화하는 정책을 집중적으로 펼쳤습니다. 한편 그는 나라의 근간을 흔들 수 없도록 쇄국의 입장을 단호히 했습니다. 이 과정에서 프랑스와 미국의 무력시위는 극복해 냈지만, 일본의 공격 앞에서 결국 강제로 통상조약을 체결하게 되었습니다. 일군의 지식인과 관료들은 새 시대가 요구하는 문명개화의 과업을 직시하고 조선의 미래를 다각도로 모색하기도 하였습니다.

- 세도정치가 어째서 부패할 수밖에 없었는지에 대해 이해해 봅시다.
- 흥선대원군이 시행한 개혁의 의의와 한계에 대해 이해해 봅시다.
- 열강과의 무력 충돌이 잦았던 강화도의 유적지를 탐방해 봅시다.

찾아가 봅시다

- 강화전쟁박물관(인천시 강화군)
- 강화도 광성진, 덕진진, 초지진(인천시 강화군)

1801	1820	1834	1849	1863
순조 즉위, 안동 김씨의 세도정치 시작	흥선대원군 이하응 출생	헌종 즉위, 풍양 조씨의 세도정치 시작	철종 즉위, 다시 득세한 안동 김씨	고종 즉위, 대원군의 섭정 시작

❙ 세도정치, 조선의 쇠락을 가속화하다 ❙

세도정치 (勢道政治)란?•

세도정치는 국왕의 위임하에 정권을 잡은 특정인과 그 세력이 국정 운영을 주도하는 정치 형태를 말합니다. 조선 후기의 세도정치는 기본적으로 외척 세력이었으며, 그 일족은 정부 요직을 모두 독점하였습니다.

섭정 (攝政)이란?••

섭정이란 국왕을 대신하여 나라를 다스리는 사람이나 그 일을 뜻합니다. 보통 국왕이 어리거나 건강상의 문제 등으로 적극적인 통치 행위를 할 수 없을 때 이루어집니다.

조선 후기의 정치 상황은 날로 악화되었습니다. 그중 가장 근본적인 문제는 이른바 세도정치•에 있었습니다. 조선 후기의 세도정치는 정조의 신임을 받아 정국을 호령했던 홍국영(洪國榮)을 기점으로 잡곤 합니다. 그는 원래 정조를 수행하고 호위하던 인물이었으나 실권은 재상이나 다름없다 하여 세도재상(勢道宰相)이라 불리기도 하였습니다.

본격적인 세도정치의 시대는 안동 김씨가 열었습니다. 정조가 죽고 순조가 어린 나이로 즉위하자 김조순(金祖淳)이 그의 딸을 왕비로 들인 것이 계기가 되어 순조 통치기에 권력을 독점한 것입니다. 그 뒤 익종 때에 조만영(趙萬永)의 딸이 왕비가 된 이후, 헌종 때까지 풍양 조씨에 의한 세도정치가 약 15년간 이어졌습니다. 철종 때에는 다시 안동 김씨에 의한 한층 강력한 세도정치로 돌아갔습니다. 이는 흥선대원군(興宣大院君)이 집권 직후 안동 김씨의 세력을 배척한 배경이 됩니다. 흥선대원군의 행보 역시 외척만 아니었지 왕의 권한을 위임받았다는 측면에서 세도정치였다는 시각도 있습니다. 한편 고종이 친정을 하게 되는 1873년 이후로는 여흥 민씨라는 새로운 외척 세력이 대두하게 되었습니다.

이러한 세도정치하에서 일부 세력에게 집중된 권력은 곧 부정부패를 들끓게 했고, 정상적이고 효율적인 국정 운영은 갈수록 불가능해졌습니다. 매관매직으로 세도가가 부유해질수록 백성들은

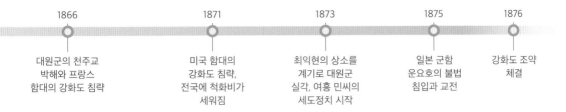

대원군의 천주교
박해와 프랑스
함대의 강화도 침략

미국 함대의
강화도 침략,
전국에 척화비가
세워짐

최익현의 상소를
계기로 대원군
실각, 여흥 민씨의
세도정치 시작

일본 군함
운요호의 불법
침입과 교전

강화도 조약
체결

궁핍해져 갔습니다. 두말할 것 없이, 조선 후기 국가의 쇠락 원인을
논할 때 세도정치는 큰 비중을 차지하고 있습니다.

▼ 흥선대원군 초상

흥선대원군, 강력한 개혁을 이끌다

세도정치의 중심에 있던 안동 김씨의 견제
를 뚫고 결국 고종이 왕위를 계승하기에 이
르렀습니다. 고종의 아버지 이하응(李昰應,
1820-1898)의 정치적 수완이 있기에 가능한
일이었습니다. 그는 조선의 역사에서 왕이
즉위할 때 살아서 대원군에 봉해진 유일한
사례입니다.

흥선대원군은 왕의 섭정(攝政)으로서
즉시 세도정치로 문란해진 정치의 기강을
바로잡고 백성들의 생활 안정을 위한 여러
개혁 정책을 실시하였습니다. 그중 대표적
인 것으로 다음의 몇 가지를 꼽을 수 있습
니다.

첫째, 비변사를 폐지하고 기관의 권력
을 분할시켰습니다. 임진왜란 이후 꾸준히
비대해진 비변사는 세도정치 일족들이 독

삼정(三政)이란?

삼정은 전정(토지세 관련)·군정(균역법 관련)·환곡(빈민 구제 관련)을 통칭하는 것으로서, 조선 후기 국가 재정의 핵심이었습니다. 세도정치에 따라 관리들의 부정부패가 갈수록 심화되면서 지방 수령과 토호들은 이 세 가지 수취제도를 이용하여 온갖 방법으로 악랄하게 백성들을 수탈하였습니다.

점하다시피 하던 권력층의 핵심 기구였습니다. 이에 홍선대원군은 행정은 의정부, 군사는 삼군부로 나누는 개혁을 시행하였습니다.

둘째, 서원을 철폐하였습니다. 성리학을 가르치는 사설 교육기관인 서원은 시간이 갈수록 과거시험을 대비하는 학원의 성격이 짙어지고 학맥과 파벌을 형성하게 되었습니다. 지방 양반들이 사적 권력을 행사하는 거점으로서의 부작용도 있었습니다. 이에 홍선대원군은 기존에 600개이던 전국의 서원을 47개만 남기고 철폐하였습니다.

셋째, 삼정˚을 개혁하였습니다. 세도정치 시기에는 관리들의 비리와 수탈로 인해 삼정의 문란이 심했고 당연히 백성들의 삶도 비참하였습니다. 이에 홍선대원군은 토지세와 관련된 전정(田政)의 개선책으로 양전(量田) 사업을 벌여 양반들이 세금을 내지 않기 위하여 관청 몰래 숨겨 놓은 땅들에 세금을 물렸습니다. 한편, 군역세와 관련된 군정의 개선책으로는 '호포제'를, 빈민 구제 정책이던 환곡의 개선책으로는 '사창제'를 실시하였습니다.

이 외에도 홍선대원군은 《대전회통》, 《육전조례》 등의 법전 편찬을 통해 통치의 제도적 근간을 정비하였고, 화려한 장식이나 비단옷을 근절하는 등 사치 풍조나 사회 기강을 바로 잡기 위한 개혁

더 알아봅시다

비변사 비변사(備邊司)는 16세기 초반 삼포왜란이 일어났을 때 외적의 침입을 효과적으로 대응하기 위하여 임시 기구로 만든 기관이었습니다. 하지만 임진왜란 이후에는 제도적으로 국정을 처리하는 중심 관서가 되었습니다. 고위 관원들이 비변사의 구성원으로서 회의를 통해 국정을 결정했는데, 주요 관직에 대한 인사권을 비롯하여 행정, 경제, 사회정책 등 국정의 대부분을 장악하고 있었습니다. 소수의 중심 인물이 참여한 이 회의는 비밀이 보장되었고, 왕권에 대해서도 상당한 자율성이 주어졌습니다. 따라서 권력을 장악한 세도가문이 그들을 대리하는 소수 인물을 통해 국정 운영 방침을 마음대로 결정하고 형식적으로 국왕에게 보고한 뒤 그대로 수행함으로써 국정을 장악하고 권력과 이익을 독점할 수 있었던 것입니다.

호포제 호포제(戶布制)는 군역을 대신하여 내는 군포로서, 각 집을 단위로 포(옷감)를 내게 하는 제도를 뜻합니다. 원래의 균역법은 일반 남자 1필을 의무화하고 있었지만, 농민들은 그 몇 배를 내고 양반들은 아예 내지 않는 폐단이 쌓여 있었습니다. 양반을 포함한 모든 가구 단위로 동일하게 군포를 내는 호포제가 도입되어 이 문제는 점차 해소될 수 있었습니다.

사창제 사창제(社倉制)는 지방의 명망 있는 인물들이 중심이 되어 기존의 환곡제도를 운영하게 한 제도를 말합니다. 세도정치하의 부패한 관리는 관청에서 비축하던 환곡제에 필요한 곡물까지 손을 대거나 고리대금업으로 악용하는 경우가 많았습니다. 이에 그 운영 주체를 관청 중심에서 지역의 유력자 중심으로 이전한 것입니다.

들도 병행하여 추진하였습니다.

그는 세도정치에 의해 비대하게 커진 신권을 제압하고 왕권을 강화하기 위해 많은 개혁을 펼쳤습니다. 하지만 왕권 강화를 상징적으로 드러내기 위해 무리하게 경복궁을 중건하면서 당백전과 원납전의 유통으로 백성들의 경제 사정을 다시 힘들게 만들었으며, 왕 중심의 유교 사상을 보호하기 위하여 천주교도를 박해하고 서구 열강에 대한 쇄국 정책(통상 수교의 거부)을 전개하기도 하였습니다.

▮ 서구 열강과의 무력 충돌로 두 차례 양요가 일어나다 ▮

흥선대원군은 외세에 대해서는 쇄국 정책으로 일관하였습니다. 그 일환으로 1866년 병인박해가 일어났습니다. 프랑스 신부와 조선인 천주교 신자 수천 명을 처형한 사건이었습니다. 이때 겨우 중국으로 탈출한 선교사 리델이 프랑스군에게 이 사건을 전하였고, 프랑스군 함대의 로즈 사령관은 이에 함선 7척과 병력 천여 명을 이끌고 강화도를 침략하였습니다. 이를 병인양요(丙寅洋擾)라 합니다.

통상조약
(通商條約)이란?*

통상조약은 두 나라 사이의 통상, 항해에 관한 사항을 규정한 조약으로서, 일반적으로 그에 따른 영사의 교환, 국민의 입국, 거주 등에 관한 사항들도 포괄하고 있습니다.

프랑스군은 강화도를 점령한 뒤, 병인박해의 책임자 엄벌과 통상조약*의 체결을 요구했으나 조선은 부대를 보내 프랑스군과 맞서 싸우기로 하였습니다. 부대장 양헌수는 몰래 강화도로 건너가 정족산성에 진을 치고 신식 화력으로 공격해 오는 프랑스군을 물리쳤습니다. 이후 프랑스군은 외규장각의 책과 은 등을 훔쳐 강화도에서 물러나게 되었습니다.

1871년에는 미국이 조선과의 통상관계 수립을 목적으로 강화도에 무력 침공을 하게 되었습니다. 이를 신미양요(辛未洋擾)라 합니다. 미국은 1866년 조선에서 미국인이 살해된 제너럴셔먼호 사건을 빌미로 삼아 강제로 통상조약을 맺고자 했습니다. 아시아 함대 사령관 로저스(J. Rodgers)는 콜로라도호 등 군함 5척과 병력 1,200여 명을 이끌고 1871년 4월 3일 조선에 통상을 요구했으나 거절당하였습니다. 이내 두 나라의 무력은 강화도에서 충돌하였습니다. 40여 일의 크고 작은 전투 및 대치가 이어졌고 끝내 미군은 해역에서 철수하였습니다. 신미양요 직후 흥선대원군은 전국에 척화비를 세우는 등 쇄국 정책을 보다 굳건히 하게 되었습니다.

▶ 신미양요
   당시의 미군

▶ 가덕도 척화비

더 알아봅시다

제너럴셔먼호 사건 1866년 8월 미국의 상선 제너럴셔먼호가 평양에서 불법적으로 통상과 교역을 요구하다가 관리와 백성들에 의해 불탄 사건을 말합니다. 이 과정에서 상선의 통역을 맡았던 영국인 개신교 선교사 토머스를 포함한 선원들 24명이 모두 사망하였습니다.

조선, 쇄국과 개항 사이에 서다

치외법권 (治外法權)이란?

치외법권은 다른 나라에 있으면서도 그 나라의 법에 구속받지 않는 국제법상의 권리를 뜻합니다. 비유적으로는 누구도 함부로 건드리거나 간섭할 수 없는 영역을 뜻하기도 합니다.

고종 내외, 그리고 대원군에게 반감을 지니고 있던 유림들은 10여 년간 이어지고 있던 흥선대원군의 섭정 시대가 속히 끝나기를 원하였습니다. 1873년 최익현의 상소를 계기로 결국 대원군은 실각하였고 국왕의 친정이 선포되었습니다. 적극적으로 쇄국 정책만을 고수하던 흥선대원군과는 달리 고종은 개화 정책을 추진해 나가기 시작하였습니다.

그러나 공식적인 개항의 계기는 강제적으로 찾아왔습니다. 1875년의 운요호 사건을 빌미로 일본이 강화도 침략을 단행하며 통상 조약 체결을 요구한 것입니다. 이로써 1876년 조일 수호 조규, 이른바 강화도 조약이 체결되었습니다. 이는 한국 최초의 공식적인 대외 조약이자 일본의 치외법권˚, 해안 측량권, 무관세, 무항세, 양곡의 무제한 유출 등이 명기된 불평등 조약이기도 했습니다. 이후 조선은 미국, 영국, 독일, 러시아, 프랑스 등과도 수교를 이어나갔습니다. 청나라와의 제한적 외교 관

▲ 영선사로 파견된 김윤식

계만 유지해오던 조선의 입장에서는 근본적인 변화가 일어나고 있었습니다.

　　고종의 개화 의지는 각 사절단을 외국으로 파견한 행보에서도 나타났습니다. 일본으로 보낸 1차 수신사(1876), 2차 수신사(1880), 조사 시찰단(1881), 청나라로 보낸 영선사(1881), 미국으로 보낸 보빙사(1883) 등이 그것입니다. 이 과정에서 중국의 무기 제조 기술을 가져온 영선사는 기기창의 설립을 주도하기도 하였고, 조선 최초의 구미 사절단 보빙사의 일원이었던 유길준(兪吉濬)은 미국 유학까지 체험한 후《서유견문(西遊見聞)》이라는 책을 남기기도 하였습니다.

운요호 사건 1875년 9월 20일 일본 군함 운요호가 조선을 침략하기 위해 의도적으로 일으킨 포함 외교의 한 형태로, 강화도 해협으로 불법 침입하면서 발생한 상호 간의 포격 사건을 말합니다. 일본군은 조선 수군과 격전을 벌여 조선군과 주민들에게 큰 피해를 입히고 퇴각하였습니다. 이후 일본은 강화도 앞바다에서 무력시위를 하면서 이 사건의 책임을 조선에 물으며 수교 통상을 할 것을 강요하였습니다. 그 결과 이듬해인 1876년에 '강화도 조약'이 체결되어 조선은 개항을 하게 되었습니다.

▲ 운요호 사건을 묘사한 일본의 삽화

시청해 봅시다

외세의 침략과 정치권의 무능으로 인해 이중으로 고통받던 조선 후기 민중의 삶은 어떠했을까요? 관련 영상을 감상해 보고 함께 생각해 봅시다.

- 드라마 〈닥터 진〉, MBC(2012)
- 드라마 〈마의〉, MBC(2012)
- 영화 〈초대받은 사람들〉(1981)
- 영화 〈이재수의 난〉(1999)
- 영화 〈군도 : 민란의 시대〉(2014)
- 영화 〈고산자, 대동여지도〉(2016)
- 영화 〈명당〉(2018)

제15강

조선 왕조의 몰락과
민중의 대두

이런 것들을 배워 봅시다

조선의 관료와 지식인들은 서세동점(西勢東漸)의 대외적 위기를 맞아 위정척사파와 개화파로 분열되었습니다. 황준헌의《조선책략》은 이를 격화시키는 계기가 되었습니다. 한편 사회가 혼란해지면서 반란과 정변들이 이어졌습니다. 차별받던 군인들이 일으킨 임오군란, 삼일천하로 끝난 갑신정변, 학정에 지친 민중들이 일으킨 동학 농민 운동 등이 그것입니다. 그러나 청과 일본의 간섭 속에서 조선 왕조는 끝내 자주적인 회생의 길을 찾을 수 없었습니다. 특히 청일전쟁은 조선에 대한 일본의 지배력이 공고해지는 전환점이 되었습니다. 을미사변을 계기로 러시아 공사관에 몸을 의탁했던 고종은 환궁 후 대한제국의 수립을 선포하지만, 이 역시 근본적인 해법이 될 수는 없었습니다.

- 위정척사파와 개화파의 개별 논리를 이해하고 두 진영의 합의점을 모색해 봅시다.
- 여러 민란 및 혁명의 시도들이 이룬 성취, 그리고 그것이 끝내 실패할 수밖에 없었던 이유에 대해 이해해 봅시다.

찾아가 봅시다

- 우정국(서울 종로구)
- 독립문(서울 서대문구)
- 동학농민혁명기념관(전북 정읍시)
- 덕수궁(서울 중구)
- 원구단(서울 중구)

1880년	1882년	1884년	1885년
김홍집이 청나라에서 《조선책략》을 가져옴	구식 군인들의 반란 (임오군란)	급진 개화파의 봉기 (갑신정변)	영국의 거문도 점령

개화(開化)란?

개화란 새로운 깨달음 속에서 지혜가 열리고 새 지식 및 풍속을 받아들여 스스로를 쇄신하고 발전한다는 의미를 갖고 있습니다. 조선 후기의 시대적 흐름에서 개화란 곧 서구문물을 긍정하는 입장이었으므로, 위정척사론과는 정면으로 충돌하는 가치였습니다.

┃ 위정척사론, 성리학적 질서의 수호를 외치다 ┃

신미양요, 병인양요, 강화도 조약 등 잇따르는 외세의 침입 속에서 보수적 유학자들은 유교 문화를 근간으로 한 전통 질서를 보다 강력하게 수호하고자 애썼습니다. 아울러 천주교와 서양의 침략 앞에서 철저히 맞서 싸워야 할 것을 천명하였습니다. '정(正)'을 지키고 '사(邪)'를 물리친다는 의미를 담아 이를 위정척사론(衛正斥邪論)이라고 합니다.

위정척사론을 전개한 대표적 인물로는 이항로(李恒老), 기정진(奇正鎭), 최익현(崔益鉉) 등이 있었습니다. 이들은 열강의 개항 요구가 높아가던 1860년대에 통상 반대론을 내세워 흥선대원군의 정책적 기조에 힘을 실어주었고, 척화 주전론(斥和主戰論)을 펼쳐 서양의 무력에 무력으로 대항할 것을 주장하기도 했습니다.

결국 이러한 위정척사 운동은 성리학적 지배 이념과 군주제적 정체성을 지키는 것이었으므로 그 근간을 위협할 수 있는 개화° 요구의 흐름과는 충돌할 수밖에 없었습니다. 따라서 새로운 지식, 문물, 제도를 도입하는 데에 위정척사론이 장애로 작용한 것은 사실이었습니다. 그러나 한편으로는 서양 및 일본의 제국주의적 침략 의도를 간파하고 자주적으로 대항하고자 한 민족 운동으로서 의의를 갖기도 합니다. 훗날의 항일 의병 운동은 큰 틀에서 이 위정척사 운동의 흐름을 계승한 것이었습니다.

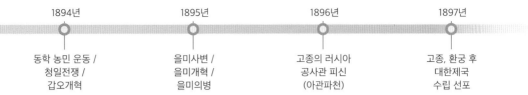

동학 농민 운동 /
청일전쟁 /
갑오개혁

을미사변 /
을미개혁 /
을미의병

고종의 러시아
공사관 피신
(아관파천)

고종, 환궁 후
대한제국
수립 선포

더 알아봅시다

최익현 면암(勉庵) 최익현은 1833년 경기도 포천군에서 태어났습니다. 이항로의 문하에 들어간 14세 때부터 그의 정치사상은 우국애민(憂國愛民)적 위정척사 및 존왕양이(尊王攘夷)의 태도로 일관되었습니다. 과거에 급제한 23세에 관직 생활을 시작한 그는 공맹(孔孟)의 도에서 벗어나면 최고 권력자의 결정이라 해도 즉각 반대하는 강직한 면모를 보였습니다. 대표적인 것이 1871년 흥선대원군이 내린 서원 철폐령의 부당함을 상소한 것입니다. 최익현은 1876년의 병자수호조약, 1895년의 을미사변, 1905년의 을사늑약 등 일본 제국주의의 침략과 만행 앞에서 늘 단호한 문장과 행동으로써 항일운동에 앞장섰습니다. 1906년 6월 4일, 그의 나이 74세에 항일의병을 일으키자 곧 그 세력은 800명을 헤아리게 되었습니다. 하지만 고종 황제의 해산령을 받들 수밖에 없었고, 이후 대마도에 유배되는 벌을 받아 1907년 1월 1일 그곳에서 숨을 거두었습니다. 사인은 단식이었습니다.

▶ 최익현 초상

유림(儒林)이란?

유림이란 유학을 공부하는 사람들 내지 유학을 신봉하는 무리를 뜻합니다. 유의어로 사림(士林), 유생(儒生), 유학자, 유자 등이 있습니다.

▌ 청국에서 온《조선책략》이 파문을 일으키다 ▌

1880년 일본에 파견된 수신사 김홍집(金弘集)은 청국 주일공사관 참찬관(參贊官) 황준헌(黃遵憲)이 지은 책을 기증받아 귀국 후 고종에게 바쳤습니다. 이 책이 바로《조선책략(朝鮮策略)》입니다.

《조선책략》은 이후에 전개될 러시아제국의 침략을 아시아 전체의 위기로 상정하고 이러한 형국 속에서 조선이 어떻게 주권을 지켜낼 수 있을 것인가를 전략적 외교정책의 차원에서 기술한 것이었습니다. 황준헌의 대책은 크게 세 가지로서, 바로 친중국(親中國), 결일본(結日本), 연미국(聯美國)으로 구성되어 있었습니다. 조선의 입장에서 각 국가들이 중요한 이유에 대해서는 편차가 있으나 요약하자면 중국, 일본, 미국과의 결탁을 통해 러시아를 견제한다는 내용이었습니다.

이 책략은 조선에 대한 청과 일본의 간섭을 보호라는 명분으로 묵과하게 만들 위험성을 내포하고 있었으며, 미국에 대해서는 의구심 없이 여타 서구 열강과는 다른 '우방'으로 제시하는 등 일정한 한계를 갖고 있었습니다. 그러나 위정척사 운동이 대세를 이루던 시기에, 독자적 힘만으로 국체를 유지하는 것이 얼마나 어려운지를 환기시킨 의의만큼은 충분히 평가할 만합니다.

《조선책략》은 조선의 고위 관료들에게 전파된 이후 큰 파문을 일으켰습니다. 척사론은 보다 치열하게 변하여 유림°의 전국적 상소가 잇따랐지만,《조선책략》이 논의되던 과정에서 여러 나라의 문물을 수용할 수 있는 분위기가 점차 형성된 것도 사실이었습니다. 쇄국(鎖國)만이 답이 아니라는 관점은 더욱 확산되어 갔습니다. 고종의 명으로 대신들이 모여《조선책략》을 논의한 결과, 〈제대신헌의(諸大臣獻議)〉가 작성되었습니다. 1880년 10월 11일 고종에게 보고된 이 문건은 전반적으로《조선책략》의 논의를 수용하는 입장을 보여주고 있습니다.

임오군란, 차별받던 군인들이 봉기하다

1882년 6월 9일, 구식 군인들이 대규모의 무장봉기를 일으켰습니다. 발단은 밀린 군료와 신식 군대 별기군(別技軍)에 비해 매우 열악한 차별 대우였습니다. 13개월 만에 지급된 쌀에는 모래와 겨 등이 섞여 있었고, 이는 구식 군인들의 분노를 야기했습니다. 이윽고 그들은 군병과 하층민 세력을 규합하여 무장 반란에 나섰습니다. 분노는 신식 군대의 배후에 있던 개화파 및 일본 공사관, 그리고 민씨 척족들로 향했습니다. 그들은 왕궁으로 들어가 민씨 척족을 비롯한 고위 관리들을 습격했습니다.

구식 군인들은 민씨 일파에게 탄압받아 실각한 대원군을 자신들의 세력으로 끌어들이고자 했고, 다급해진 고종은 그들의 바람대로 대원군에게 정권을 맡겼습니다. 그러나 민씨 일파의 파병 요청을 받은 청의 군대가 들어와 봉기는 끝내 진압되었습니다. 이 일

실각(失脚)이란?
실각은 실패로 인해 공적 지위나 입지를 잃어버리는 일을 말합니다.

▼ 임오군란 당시 일본 공사관원 기념 촬영
ⓒ국립중앙박물관

입헌군주제 (立憲君主制)란?

입헌군주제란 헌법으로써 군주의 권력을 제약하는 정치 체제를 뜻합니다. 오래된 통치 형태인 군주제는 여러 형태로 변화되어 왔는데, 그중 입헌군주제는 군주의 권력을 견제하기 어려운 절대군주제 혹은 전제군주제와 대립되는 개념으로서 출현하였습니다.

런의 사건을 임오군란(壬午軍亂)이라고 합니다.

임오군란의 수습 과정에서 조선을 향한 청과 일본의 압력은 가중될 수밖에 없었습니다. 특히 군대를 파병하여 봉기를 진압한 청은 조선의 내정과 외교에 적극 개입하였습니다. 다시 정권을 잡은 민씨 척족과 개화파 관료 사이의 골은 더욱 깊어져, 친청(親淸)과 친일(親日)의 계파가 서로 대립하는 형국이 이어졌습니다. 그러나 결국은 청의 내정 간섭이 보다 노골화되었습니다. 이는 곧 갑신정변의 배경이 되었습니다.

▌ 급진 개화파의 갑신정변, 삼일천하에 그치다 ▌

조선의 개혁이 지지부진하자, 명문가의 자제들을 중심으로 한 급진 개화파가 정변을 일으켜 정권을 탈취하는 사건이 발생했습니다. 이를 갑신정변(甲申政變, 1884)이라고 합니다. 김옥균(金玉均), 박영효(朴泳孝), 홍영식(洪英植), 서광범(徐光範), 서재필(徐載弼) 등이 주축이 된 급진 개화파는 일본의 메이지유신을 모델로 삼고 청을 배격하는 정치적 실천을 도모하고자 했습니다. 일본 공사 다케조에 신이치로(竹添進一郎)의 군사 지원을 약속받은 그들은 결국 우정국(郵征局)의 개국 축하연에서 거사를 일으켰고, 짧은 시간이나마 권력을 잡았습니다. 그들의 개혁 방안을 담아 선포한 '정강(政綱) 14조'는 신분제 타파 및 입헌군주제의 지향 등 시대를 앞선 시도이기도 했습니다.

그러나 급진 개화파는 혁명을 완수할 준비가 되어 있지 않았습니다. 자금과 병력은 부족했고, 민씨 척족들은 유언비어를 퍼트려 급진 개화파가 설 자리를 없애고자 했습니다. 아울러 민씨 일파는 다시 한번 청의 개입을 요청하였습니다. 상황이 불리해지자 다케조에 공사 역시 애초의 약속을 깨고 지원을 회피하였습니다. '삼일천하'라는 말로 대변되듯이, 이로써 갑신정변은 금세 무위로 돌아가게 되었습니다.

그 후폭풍은 컸습니다. 일본으로 망명한 김옥균과 박영효, 미국으로 망명한 서재필의 경우 조선에 남은 가족들이 비극을 맞이했습니다. 김옥균의 아버지와 동생은 옥살이 끝에 감옥에서 숨졌고, 박영효의 아버지는 열 살의 손자를 죽이고 자결을 시도했으나 미수에 그치고 투옥되었다가 굶어 죽었습니다. 다른 주모자들과 그의 가족들도 대동소이한 운명에 처했습니다. 조선의 개혁 세력은 매우 위축되었으며, 민씨 척족은 청일전쟁 때까지 친청 노선을 고집했습니다. 열강들은 이러한 상황에 처한 조선을 호시탐탐 노렸습니다. 그 예로 1885년 영국의 거문도 점령 사건이 발생했고, 러시아 역시 본격적으로 남하하기 시작했습니다.

▲ 김옥균

▲ 박영효·서광범·서재필·김옥균

‖ 동학 농민 운동, 아래로부터의 혁명을 꿈꾸다 ‖

조정의 힘이 날로 쇠하고 사회가 극도로 혼란하던 시기에 종교는 민중들에게 희망과 위안을 제공하는 돌파구이기도 했습니다. 그중 두드러진 종교는 외래의 천주교와 최제우(崔濟愚)가 창시한 동학이었습니다. 1860년 인내천(人乃天)의 평등사상에 근간한 동학은 제 2대 교주 최시형(崔時亨)의 시기에 급속도로 교세를 확장하였습니다. 농민 중심으로 세력을 형성한 동학은 점차 정치적 목소리를 내고 집단적 행동을 취할 수 있을 만큼 힘을 키워 나갔습니다. 그러나 그간의 동학 탄압에 대한 교조 신원 운동은 정부로부터 제대로 된 응답을 받지 못했습니다. 여기에 전라도 군수 조병갑(趙秉甲)의 착취가 직접적 불씨가 되어, 전라도 고부 일대 동학교도들은 1894년 1월 전봉준(全琫準, 1855-1895)을 중심으로 고부(古阜) 농민 봉기를 일으키게 되었습니다.

고부 농민 봉기를 계기로 폐정을 시정하겠다고 약속했던 정부가 오히려 민란 관계자를 역적죄로 몰아 탄압하자, 동학 세력은 1894년 3월 전라도 무장(茂長)에서 재차 궐기하였습니다. 동학 농민

▼ 동학 농민 운동

군은 파죽지세로 관군을 패퇴시키고 전주성까지 점령하였습니다. 자체적으로 수습이 어려웠던 조선 정부는 청에 파병을 요청하였고, 이를 명분으로 일본 역시 군대를 보냈습니다. 정부 측이나 농민군 측 모두 일단 합의가 필요한 상황이었습니다. 이때의 합의를 전주화약이라고 합니다. 농민군 측은 폐정개혁안(弊政改革案)을 내세웠고, 정부 측 역시 교정청을 설치해 개혁을 추진해 나가겠다는 의지를 보였습니다. 폐정개혁안에는 탐관오리 처벌, 부당한 조세제도 개혁, 외국 상인들이 서울에서 상행위를 하는 것 반대 등이 포함되어 있었습니다.

그러나 동학 농민 운동의 진압 과정에서 들어온 청과 일본의 군대가 새로운 문제를 촉발하였습니다. 특히 일본군은 조선의 철병 요구를 거부하고 기습적으로 경복궁을 점령하여 결국 청일전쟁까지 일으켰습니다. 농민군은 이에 반외세·반침략의 기치를 걸고 다시 한 번 봉기하였습니다. 이 봉기는 동학의 세력이 총집결한 형태였습니다. 그러나 최신 화기로 무장한 일본군은 우금치 전투를 비롯하여 여러 결정적 국면에서 농민군에게 치명타를 가하였습니다. 결국 주요 지도자들인 전봉준, 김개남(金開南), 손화중(孫華仲) 등이

파죽지세 (破竹之勢)란?

파죽지세는 거침없이 맹렬하게 밀고 나아가는 기세를 뜻합니다. 대나무를 쪼갤 정도의 강력함을 비유한 표현입니다.

◀ 압송되는 전봉준(1894)

할양(割讓)이란?

할양이란 자기 영토의 일부를 떼어서 다른 나라에 넘겨주는 것을 말합니다.

체포되며 동학 농민 운동은 종언을 고하게 됩니다. 비록 거사는 실패로 귀결되었지만, 이는 당시의 반외세·반침략 투쟁 중 가장 큰 규모로 치열하게 전개된 투쟁이었으며 무엇보다 민중 중심의 주체적 실천이었다는 점에서 큰 의의를 갖습니다. 이들의 투쟁은 이후 항일 의병 활동 및 무장 독립운동으로 그 계보를 이어가게 됩니다.

조선의 지배권을 놓고 청과 일본이 싸우다

청일전쟁은 1894년 7월부터 1895년 4월 사이 청과 일본이 조선의 지배권을 놓고 벌인 전쟁을 말합니다. 동학 농민 운동을 진압하는 과정에서 파병된 일본군은 조선 정부의 요청에도 불구하고 철병을 하지 않다가, 오히려 풍도 앞바다에서 청 함대를 기습 공격하였습니다. 청일전쟁의 시작이었습니다. 임오군란, 갑신정변 등 조선에서 벌어진 일련의 사건 속에서 주도권은 늘 청이 가지고 있었습니다. 힘의 열세를 극복하기 위해 일본은 군비를 대거 확장하는 등 오랜 시간 청과의 일전을 준비했습니다.

준비된 일본은 연전연승을 했습니다. 결국 열강이 중재에 나섰고, 일본은 그중 미국의 중재를 받아들여 청과 시모노세키 조약을 체결하게 되었습니다. 일본의 승리는 동아시아의 패권이 청에서 일본으로 넘어간 것을 의미했습니다. 다만 조약의 결과로 막대한 배상금과 함께 랴오둥반도, 타이완, 펑후섬이 할양될 예정이었으나, 러시아·독일·프랑스가 개입하여 랴오둥반도만은 다시 청에 반환하는 결정이 내려지게 되었습니다. 이른바 삼국간섭입니다.

조선의 입장에서는 이 전쟁의 결과 정부 내의 친일 세력이 득세하는 결과를 맞게 되었습니다. 아울러 초기의 전쟁이 조선 내에서 이루어졌기 때문에 조선인의 실질적인 전쟁 피해도 막대했습니다. 청일전쟁 과정에서 조선인이 입은 피해는 이인직이 쓴 최초의 신소설《혈의 누》(1906)의 배경이 되기도 했습니다.

홍범(洪範)이란?

홍범이란 세상의 큰 규범이라는 뜻으로, 그 유래는 유교 5대 경전 중 하나인《서경(書經)》에 있습니다.

갑오개혁, 근대 제도의 발판을 마련하다

청일전쟁의 시작 직전에 일본은 왕궁을 포위하여 민씨 일파를 축출하고 조선 정부를 압박하여 개혁을 시행하게 하였습니다. 이때 김홍집을 총리대신으로 한 새로운 내각이 수립되었고, 군국기무처(軍國機務處)가 설치되어 실질적인 개혁을 담당하게 되었습니다. 이 시기의 개혁을 갑오개혁(甲午改革)이라 부릅니다.

갑오개혁은 크게 국가 체제의 개편을 중심으로 한 제1차 개혁과 홍범 14조로 대표되는 제2차 개혁으로 구분됩니다. 온건 개화파가 주축이 되었던 군국기무처는 박영효 등이 주도한 제2차 갑오개혁 도중에 해체되었습니다.

비록 일본의 내정 간섭이 있었지만, 갑오개혁의 의의는 중대합니다. 그동안 갑신정변이나 동학 농민 운동 등을 통해 제기되어 온 여러 개혁안들의 적지 않은 부분이 마침내 갑오개혁을 통해 현실화되었기 때문입니다. 대표적인 것이 신분제의 철폐, 조세의 합리화 등이었습니다. 또한 갑오개혁은 새로운 근대적 제도가 도입되는 계기

▲ 김홍집

▲ 갑오개혁 당시 왕실사무를 관장하던 궁내부 현판
ⓒ국립중앙박물관

**종두법(種痘法)
이란?**

종두법이란 우두(牛痘)로써 천연두의 예방 접종을 하는 방법을 뜻합니다. 1798년 영국의 에드워드 제너(Edward Jenner)에 의해 개발되었으며, 한국 최초로 종두법을 도입한 인물은 지석영(池錫永)입니다.

를 마련하였습니다. 도량형을 통일하고 유교 경전 중심의 과거제를 폐지하였으며 사법권의 독립을 꾀하는 등 갑오개혁이 천명한 변화는 확실히 새로운 시대를 예감하게 하는 것이었습니다.

▌ 을미사변·을미개혁·을미의병, 연쇄적으로 일어나다 ▌

조선에 대한 일본의 장악력이 확고해지면서 친청 세력이었던 민씨 일파는 설 자리를 잃어갔습니다. 그런데 삼국간섭 앞에서 일본이 전과(戰果)를 포기하는 상황을 접한 후, 민씨 일파는 러시아를 일본 견제용 카드로 재발견할 수 있었습니다. 이러한 배경 속에서 친미·친러적 성향의 박정양(朴定陽)-김홍집 내각이 새롭게 조직되었습니다.

조선 정부의 친러정책 속에서 위기의식을 갖게 된 일본은 1895년 10월 8일 친러 세력를 대표하던 민비(명성황후)를 살해하는 만행을 저질렀습니다. 이를 을미사변(乙未事變)이라고 합니다. 궁궐에서 목격한 외국인들의 증언에 의해 이 사건이 일본의 계획적 범죄라는 사실이 국내외에 알려지게 되었고, 시해를 주도한 일본 공사 미우라 고로(三浦梧樓) 등 약 45명은 히로시마 감옥에 수감되었습니다. 그러나 여론의 시선이 잦아들자 그들은 전원 증거 불충분으로 석방되었습니다.

민비가 시해된 후 다시 강력해진 친일 세력은 을미개혁을 단행합니다. 주요 내용은 태양력의 사용, 단발령, 종두법 시행, 소학교 설립, 우편 사무 재실시 등이었습니다.

▲ 프랑스 주간지(르 주르날 일뤼스트레)의 을미사변 기사(1895)

이 중 단발령은 민비 시해 직후 이미 개시된 의병 활동을 전국적으로 확대시킨 계기로 작용하였습니다. 이 시기의 무장 봉기를 주도했던 이들을 을미의병(乙未義兵)이라고 합니다.

　　1896년 1월 전국으로 확산된 을미의병은 각 지방의 유력한 유생들을 중심으로 활동을 펼쳤습니다. 이들은 갑오개혁을 주도한 관료들을 친일파로 지목하여 처단하거나 문책하고, 관군 및 일본군과 맞서 싸웠습니다. 일본의 군용시설을 파괴하거나 주둔지를 공격하기도 하였습니다. 이러한 을미의병 활동은 아관파천을 계기로 들어선 친러정권이 단발령을 철폐하고 대표적 친일파들을 단죄하며 의병 해산을 권고하는 조칙을 시행함에 따라 점차 줄어들었습니다.

아관파천이란?
아관은 러시아 공사관을, '파천(播遷)'은 임금이 본궁(本宮)을 떠나 다른 곳으로 난(亂)을 피한다는 것을 의미합니다.

‖ 아관파천, 고종이 러시아 공사관으로 피신하다 ‖

을미사변 이후 신변에 위협을 느끼던 고종은 1896년 2월 11일, 친러 세력의 사전 공작 속에 러시아 공사관에 몸을 의탁하게 되었습니다. 이 아관파천을 통해 친일정권은 붕괴되고 친러 내각이 정권을 잡았습니다. 아직 러시아와의 전면전이 역부족이라 판단한 일본은 아관파천과 친러정권의 조치들을 인정할 수밖에 없는 상황이었습니다. 이로 인해 일본의 침략은 지연될 수밖에 없었습니다.

　　그러나 아관파천 동안에 각종 이권을 가져간 러시아를 비롯, 열강의 경제적 침탈은 가속화되었고 자연스럽게 조선의 주권은 큰 손상을 입게 되었습니다. 이에 전국의 유생과 독립협회 회원들은 지속적으로 친러 내각의 의존성을 비판하고 고종의 환궁을 요청하였습니다. 결국 고종은 1897년 2월 20일 경복궁이 아닌 경운궁으로 환궁을 하였습니다. 환궁 후인 10월

▲ 대한제국 황제가 된 고종

12일 고종은 황제 즉위식을 원구단에서 갖고 연호*를 광무(光武)로 한 대한제국의 수립을 선포하였습니다.

연호(年號)란?*

연호는 군주 국가에서 개별 군주에 따라 사용하던 기년법, 즉 치세 연차에 붙이는 칭호를 뜻합니다. 중국에서 시작되었으며 한국, 일본, 베트남 등에서도 사용하였습니다.

시청해 봅시다

나라를 지키기 위해 다양한 이들의 노력과 희생이 뒤따랐던 조선 후기의 역사가 지금 우리에게 전해주는 교훈은 무엇일까요? 관련 영상을 감상해 보고 함께 생각해 봅시다.

- 드라마 〈명성황후〉, KBS(2001~2002)
- 드라마 〈제중원〉, SBS(2010)
- 드라마 〈미스터 션샤인〉, tvN(2018)
- 드라마 〈녹두꽃〉, SBS(2019)
- 영화 〈YMCA야구단〉(2002)
- 영화 〈가비〉(2012)

찾아보기

저자 소개

김경호: 성균관대학교 동아시아학술원 교수
박이진: 성균관대학교 동아시아학술원 교수
박은영: 성균관대학교 동아시아학술원 연구교수
손성준: 성균관대학교 동아시아학술원 연구교수
김도형: 세종대학교 국제학부 조교수

유학생이 알아야 할 한국학 시리즈
제1권 한국 역사: 전통편

1판 1쇄 인쇄 2020년 3월 31일
1판 1쇄 발행 2020년 4월 10일

지은이 | 김경호·박이진·박은영·손성준·김도형
펴낸이 | 신동렬
책임편집 | 구남희
외주디자인 | 심심거리프레스
삽화 | 심심거리프레스, Getty Iamges Bank, Shutterstock
지도 | 전은우
편집 | 현상철·신철호
마케팅 | 박정수·김지현

펴낸곳 | 성균관대학교 출판부
등록 | 1975년 5월 21일 제1975-9호
주소 | 03063 서울특별시 종로구 성균관로 25-2
전화 | 02)760-1253~4
팩스 | 02)760-7452
홈페이지 | http://press.skku.edu

© 2020, 김경호·박이진·박은영·손성준·김도형

ISBN 979-11-5550-368-3 04910
　　　979-11-5550-367-6 04080 (세트)